Ernst Wrba

RheinMain
Radeln für die Seele
15 Wohlfühltouren

Droste Verlag

ALLE TOUREN AUF EINEN BLICK

TOUR 1: HINTER DEN BERGEN 7
Durchs Ems- und Wörsbachtal
42 km | 175 Hm | 4 Std. | Rundtour

TOUR 2: DURCH TIEFE WÄLDER 21
Zwischen Offenbach und Seligenstadt
47 km | 60 Hm | 4 Std. | Rundtour

TOUR 3: GRÜNE OASEN 33
Wiesbadens grüne Idylle
26 km | 200 Hm | 3 Std. | Rundtour

TOUR 4: IM LAND DER WEINE 43
In Rheinhessen auf Bahntrassentour
33 km | 75 Hm | 3 Std. | Rundtour

TOUR 5: FARNE UND FOSSILIEN 51
Durch den Stadtwald von Darmstadt
25 km | 50 Hm | 2,5–3 Std. | Rundtour

TOUR 6: NATUR UND SKULPTUREN 63
Unterwegs in der Wickerbachaue
24 km | 50 Hm | 2–3 Std. | Rundtour

TOUR 7: MÄRCHENHAFTE RUNDE 75
Idylle nördlich des Odenwalds
44 km | 55 Hm | 4–5 Std. | Rundtour

TOUR 8: WOHLTUENDE RUHE 89
In der Abgeschiedenheit der Wetterau
28 km | 85 Hm | 3 Std. | Rundtour

TOUR 9: ALTES UND SCHÖNES 101
Von Bad Nauheim nach Münzenberg
30 km | 110 Hm | 3 Std. | Rundtour

TOUR 10: WÄLDER UND VILLEN 115
Idylle südlich von Frankfurt
38 km | 70 Hm | 3–4 Std. | Rundtour

TOUR 11: AN RHEIN UND REBEN — 129
Durch Rheingau und Rheinhessen
36 km | 20 Hm | 3 Std. | Rundtour

TOUR 12: GRÜNE METROPOLE — 143
Kleine Frankfurt-Runde
29 km | 30 Hm | 2,5 Std. | Rundtour

TOUR 13: PERLEN AM MAIN — 155
Zwischen Frankfurt und Hanau
25 km | 25 Hm | 2–3 Std. | Rundtour

TOUR 14: RHEIN-MAIN PUR — 167
Große Mainspitz-Runde
38 km | 15 Hm | 3–4 Std. | Rundtour

TOUR 15: ENDLOS BLAU & GRÜN — 181
An den Wassern des Altrheins
49 km | 10 Hm | 4–5 Std. | Rundtour

Zwischen Nierstein und Nackenheim

In der Flörsheimer Schweiz

Liebe Leser und Genussradler,

wie abwechslungsreich und spannend, wie reich an Sehenswürdigkeiten und unberührter Natur das Rhein-Main-Gebiet ist, wurde mir wieder durch die intensive Beschäftigung mit der Region für dieses Buch deutlich, obwohl ich hier seit Jahrzehnten lebe. Es gab so viel Unbekanntes zu entdecken, Kleinodien, von denen noch kaum jemand gehört hat. Erstaunlich, wie waldreich die Region südlich von Frankfurt ist. Man kann über viele Kilometer durch Mischwälder fahren, ohne Menschen zu begegnen.

Die 15 Radtouren sind räumlich recht gleichmäßig über das Rhein-Main-Gebiet verteilt. Alle sind Rundtouren, sodass sich nie die Frage stellt, wie man zum Ausgangsort zurückkommt. Die Startpunkte sind so gewählt, dass man möglichst gut parken und sie gleichzeitig mit öffentlichen Verkehrsmitteln erreichen kann. Natürlich kann man von jedem beliebigen Punkt der Strecke starten, der einem günstig gelegen scheint.

Da die Touren für Genussradler geplant sind, fallen die Steigungen moderat aus. Die meisten Routen verlaufen in Ebenen oder sind nur minimal hügelig, lediglich bei drei Touren müssen 100 bis 200 Meter überwunden werden, und das nie auf starken Steigungen. Alle Strecken sind weitgehend frei von Autoverkehr, abgesehen von sehr wenigen unvermeidlichen Abschnitten.

Das genussvolle Radeln, die Schönheit der Landschaft, unberührte Natur, verlockende Einkehrmöglichkeiten mit schönem Ambiente und natürlich gutem Essen hatten einen hohen Stellenwert bei der Tourenplanung, ebenso kulturelle Sehenswürdigkeiten. Gerade auch hier kann man viele Entdeckungen machen.

Ich wünsche Ihnen viel Freude beim Radeln und Entdecken
Ihr Ernst Wrba

NATUR-INFO

KULTUR-INFO

TOUREN-/EVENT-INFO

GENUSS-INFO

- ❄ 42 Kilometer
- ❄ 175 Höhenmeter
- ❄ 4 Stunden
- ❄ Rundtour

Weiden am Wörsbach

Auszeittour 1

Hinter den Bergen
Durchs Ems- und Wörsbachtal

Am Parkplatz der **Sportanlage** Zissenbach am nördlichen Ortsrand von Idstein befindet sich eine Infotafel über die „Rundtour Ems- und Wörsbachtal". Wir folgen der Zufahrtsstraße zum Parkplatz ein kurzes Stück leicht bergan bis zur Hauptstraße, an der wir rechts auf den begleitenden Radweg abbiegen. Rechts von uns schlängelt sich der Wörsbach durch das grüne Tal. Nach etwa 1,5 Kilometern erreichen wir am Ortsanfang von **Wörsdorf** einen Kreisverkehr, fahren zunächst geradeaus weiter und verlassen nach 150 Metern die Hauptstraße nach rechts auf einen asphaltierten Weg, dem wir nach 70 Metern nach links folgen. Am Ende dieses Weges vor einigen neuen Wohnhäusern machen wir einen kurzen Schlenker nach links und sofort wieder nach rechts, um dann an der übernächsten Straße rechts in die Ringstraße abzubiegen. Wir folgen dem Verlauf der Straße mit zwei leichten Linkskurven und überqueren die Hauptstraße geradeaus. Am Ortsende müssen wir aufpassen, um nicht kurz vor einer Verkehrsinsel den Radweg nach rechts unten zu verpassen.

Dieser Weg führt uns unweit des Wörsbachs über Felder und Wiesen, bis wir vor einem hohen **Eisenbahndamm** links auf eine kleine Straße abbiegen müssen. Nach 100 Metern treffen wir auf eine Landstraße, biegen rechts auf sie ab und unterqueren zunächst den Bahndamm durch einen Tunnel und bald danach die Autobahn **A3** und die ICE-Trasse. 50 Meter weiter verlassen wir die Straße nach schräg rechts auf einen Radweg. Ihm folgen wir bis auf Weiteres durch das

> Bei unserer Tour folgen wir stets einer einheitlichen **Beschilderung**. Leider ist sie recht lückenhaft und oft missverständlich oder versteckt angebracht. Ein Abstecher von der Naturidylle in die ruhige Altstadt von Bad Camberg mit zahlreichen sehenswerten Bauten sowie am Ende der Tour in die Fachwerkaltstadt von Idstein sind unbedingt empfehlenswert.

Auszeittour 1

immer idyllischer werdende **Wörsbachtal.** Zwischen Pferdekoppeln treffen wir auf eine T-Kreuzung, wo wir rechts abbiegen und kurz darauf an der nächsten Kreuzung links unserer Route folgen.

Wir fahren weiter, bis wir auf eine Straße treffen, die in einer Kurve aus **Wallrabenstein** kommt. Wir biegen rechts in die Straße ein, um sie nach 100 Metern nach schräg links auf einem asphaltierten Weg zu verlassen. Wenig später folgen wir an einer Gabelung dem Weg direkt entlang des Bachufers. Am Waldrand stoppen wir in einer Linkskurve an einer Bank, die uns zu einer kurzen Pause einlädt. Unten schlängelt sich das Band alter Bruchweiden am Bachlauf, umgeben von Wiesen, Bäumen und kleinen Wäldchen.

Wir folgen dem Weg an der nächsten Abzweigung geradeaus und passieren zwei ehemalige **Mühlen** im nun enger werdenden Tal, bevor es in einen Wald geht. Links von uns plätschert der Wörsbach, rechts begrenzen mächtige Schieferfelsen den Weg. Wenig weiter überqueren wir eine Landstraße auf den ge-

Radweg im Wörsbachtal

Durchs Ems- und Wörsbachtal

Für die Seele

Entspannte Tour am Rande des Hochtaunus durch das idyllische Tal des Wörsbachs, den Emsbach entlang, in das malerische Bad Camberg und mit dem Fachwerkidyll von Idstein.

genüberliegenden Fahrradweg. Kurz danach biegen wir auf einen Weg nach schräg links Richtung **Neumühle** zum Talgrund hin ab. Etwa 300 Meter nach der links liegenden Neumühle erreichen wir eine hölzerne Brücke, auf der wir für einen Moment anhalten, um dem Gluckern des Wassers und dem Zwitschern der Vögel zu lauschen.

Der schmale Weg steigt nun kurz steil an und trifft auf einen breiteren Forstweg, dem wir entlang einer Sumpfwiese talwärts folgen, bis er in einen dichten Wald eintaucht. Der Uferbereich des Wörsbachs rechts von uns bildet hier ein **Naturschutzgebiet.** Hinter einem kleinen Teich biegen wir rechts ab, überqueren den Bach und folgen dahinter dem Weg nach links. Den Waldrand erreichen wir an einem Feld, vor dem wir uns links halten.

Kurz vor Gnadenthal stoßen wir auf ein Sträßchen, auf das wir rechts abbiegen. Rechts von uns befindet sich ein kleines, modernes **Selbstbedienungscafé** ❶ **mit Terrasse,** hinter dem die Gebäude des ehemaligen **Zisterzienserinnen-Klosters Gnadenthal** liegen. Es ist heute das Zentrum der Ökumenischen Kommunität Jesus-Bruderschaft mit einem Café, einer Bibliothek und der offiziellen Radwegekirche. Gegenüber der Kirche steht ein schönes Fachwerkhaus, das ehemalige Äbtissinnenhaus. Im Café können wir die offizielle Radrundwegkarte des Ems- und Wörsbachtals kaufen.

Wir fahren weiter vorbei an einigen Gebäuden und biegen kurz vor Erreichen der Landstraße am **Nehemia-Hof** links ab, hinter dem wir den Wörsbach

Auszeittour 1

*Der **Emsbach** entspringt am Fuße des Kleinen Feldbergs im Taunus bei Glashütten, um nach 39 km in die Lahn zu münden. Der **Wörsbach**, der in der Nähe von Idstein entspringt, mündet nach 24 km bei Brechen in den Emsbach.*

überqueren und uns nach der Brücke rechts halten. Nun müssen wir für einen kurzen Anstieg in die Pedale treten, um dem Weg unter alten Eichen zu folgen. Schon bald geht es wieder bergab über einen Feldweg durch die Wiesen im Tal. An der **Aumühle** treffen wir auf die Landstraße, der wir nach rechts bis zur nächsten Kurve hinter der Brücke folgen, links abbiegen und 100 Meter weiter erneut links abbiegen.

Der nächste Ort, den wir erreichen, ist **Dauborn.** Am Ortsrand treffen wir auf die Eufinger Straße, auf die wir schräg links abbiegen und durch den Ort fahren. Kurz vor einer Linkskurve, in der die Straße über eine Brücke führt, biegen wir rechts ab in die Hessenstraße, dann gleich wieder schräg links in die Röderstraße. Wir bleiben auf dieser, bis sie die Alte Selterser Straße überquert. Hier fahren wir geradeaus weiter und erreichen gleich darauf das Ortsende, wo wir von Feldern umgeben sind.

Wir lassen die Räder stetig leicht bergab rollen, bis wir **Werschau** über die Hessenstraße erreichen, die zunächst durch ein Wohngebiet führt und dann im Ortskern auf die Hauptstraße trifft, in die wir links abbiegen. Die Kirche lassen wir rechts liegen und folgen der Hauptstraße über die Wörsbachbrücke, hinter der wir uns rechts halten, um kurz danach auf den Radweg rechts neben der Landstraße zu fahren. Auf diesem radeln wir stets parallel zur Landstraße, bis wir die Autobahn und ICE-Trasse unterqueren.

An der nächsten Rechtsabzweigung können wir uns entscheiden, ob wir der Route nach rechts folgen oder zuvor einen Abstecher zur knapp 1 Kilometer entfernten, rund 1000 Jahre alten **Berger Kirche** ❷ machen. Dazu müssten wir geradeaus weiterfahren und nach einer leichten Linkskurve auf den beschilderten Weg links den Berg hinauf abzweigen. Vom oberen Ende des Friedhofs, der die Kirche umgibt, hat man einen schönen Blick auf das **Emsbachtal.** Um zur Hauptroute zurückzukommen, müssen wir denselben Weg nehmen.

Kloster Gnadenthal

Auszeittour 1

Berger Kirche

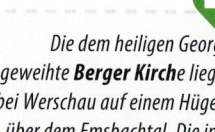

*Die dem heiligen Georg geweihte **Berger Kirche** liegt bei Werschau auf einem Hügel über dem Emsbachtal. Die im Jahr 910 erstmals erwähnte romanische Kirche ist eine der ältesten der Region. Sie war einst die Pfarrkirche des wüst gefallenen Ortes Bergen.*

Wir biegen nun in den Radweg an der **Bahnhofstraße** ein, überqueren ein letztes Mal den Wörsbach, der unweit von hier in den Emsbach mündet. Rechts hinter einem großen Parkplatz liegt das italienische **Restaurant Mühlenkeller ❸**. An der nächsten Abzweigung am Ende des Radwegs sollen wir laut Wegweisung rechts in ein Gewerbegebiet abbiegen. Stattdessen fahren wir weiter auf der Straße, die uns nach einer Kurve über die Bahngleise und danach am **Bahnhof** vorbeiführt. Wir befinden uns nun wieder auf der offiziellen Rundtour „Ems- und Wörsbachtal". Wir bleiben in der folgenden Linkskurve auf der Bahnhofstraße, bis wir ein Stück vor der nächsten größeren Kreuzung rechts in den Hof einer **Apfelweinkelterei** abbiegen.

Vor einer Pferdekoppel zweigt der Weg links ab, diesem folgen wir bis zu einer Kreuzung, an der wir

Durchs Ems- und Wörsbachtal

rechts abbiegen und einen beschrankten Bahnübergang überqueren. Wir fahren weiter auf dem Weg, der uns durch das flache und weite **Emsbachtal** führt. Vor uns am Horizont erkennt man die charakteristischen Türme des Feldbergs. Wenn sich der Weg dem Bach nähert, überqueren wir diesen über eine alte Backsteinbrücke und biegen danach gleich links ab, weiter dem Bachlauf folgend.

Nach etwa 2,5 Kilometern treffen wir in **Niederselters** auf eine Straße, auf die wir links abbiegen, unmittelbar danach überqueren wir eine Bahnlinie und folgen dem Verlauf der Straße Richtung Ortsmitte von Niederselters. An einem großen Gebäude mit blauem Fachwerk überqueren wir den Emsbach und biegen nach rechts in die Hauptdurchgangsstraße Limburger Straße ein. Wo die Vorfahrtsstraße rechts abknickt, fahren wir geradeaus durch den alten Ortskern. Hinter der Kirche halten wir uns rechts und biegen danach sofort links in einen Weg ab. Vor einer Brücke biegen wir links ab und radeln weiter den Emsbach entlang. Nach einem Sportplatz biegen wir am

Apfelkelterei

Auszeittour 1

Schwimmbad links ab. Vor der großen Kreuzung mit der **B 8** biegen wir rechts am Radwegweiser Richtung Idstein ab. Hier bietet der Italiener **Da Luca** ❹ die Möglichkeit zu einer Einkehr.

Kurz vor dem Lokal überquert der **Radweg R 8** den Parkplatz und führt rechts weiter. Wir folgen dem Weg bis nach **Oberselters,** das wir an den Lagerhallen des bekannten Mineralbrunnens erkennen. Wir passieren das **Bürgerhaus** ❺, in dem ein weiterer Italiener die Möglichkeit zur Rast bietet. An der folgenden T-Kreuzung fahren wir rechts, danach zweimal links. Vor dem Emsbach beginnt ein komfortabler, breiter Radweg mit Mittelstreifen. Schließlich biegen wir bei einer **Bürstenfabrik** links ab über den Bach und unmittelbar vor der Bundesstraße nach rechts auf den Radweg.

Unmittelbar nach der Tankstelle verlassen wir die **B 8** nach rechts, überqueren erneut den Bach und fahren geradeaus weiter, bis der Weg nach dem Sportgelände links abbiegt. Die nächste Landstraße überqueren wir geradeaus und folgen dem asphaltierten Feldweg **(R 8)** bis **Bad Camberg.** Unser Radweg führt stets geradeaus durch ein Wohngebiet. An der letzten Kreuzung, der Lisztstraße, sollten wir links abbiegen, um einen Abstecher in die **Altstadt** von Bad Camberg zu machen. **Am Marktplatz** ❻ mit seinen hübschen Fachwerkhäusern kann man im netten **Café Kardamom & Co.** ❼ die Szenerie auf sich wirken lassen. Von dort sind es nur wenige Meter bis zum **Amthof** ❽, einer pittoresken historischen Gruppe von Fachwerkbauten.

Nach unserem Abstecher folgen wir wieder dem **Radweg R 8,** der nach der Lisztstraße zunächst leicht bergauf, dann leicht bergab über Felder nach **Würges** führt. Im Ort biegen wir vor einem gelben Haus links und an der nächsten T-Kreuzung rechts ab. Am Ende der Straße biegen wir nach links ab und bei der nächsten Möglichkeit wieder rechts in den Waldorfer Weg. Am Ortsende geht die Straße in einen asphaltierten Weg über. Bald sehen wir **Walsdorf** auf einem Hügel

Amthof in Bad Camberg

Marktplatz von Bad Camberg

Durchs Ems- und Wörsbachtal

Altstadt von Idstein

vor uns liegen. Eine Kirche dominiert hier das Örtchen. Wenn wir den Fuß des Ortes erreicht haben, biegen wir rechts in die steil ansteigende Straße Richtung Kirche ab. Oben angekommen, halten wir uns unterhalb der Kirche links und folgen geradeaus der Untergasse. Diese endet als Kopfsteinpflasterstraße leicht bergab in der Kurve der Hauptdurchgangsstraße, der Idsteiner Straße, auf die wir rechts einbiegen und dem Verlauf bis zum Ortsende folgen. Erst hier beginnt links der Landstraße ein Fahrradweg.

Der Weg steigt stetig leicht bergan auf den **Höhenzug,** der die beiden Täler des Wörsbachs und Emsbachs trennt. Links hinter weiten Feldern erkennen wir wieder die Silhouette des Feldbergs. Kurz nachdem wir den höchsten Punkt erreicht haben, biegen wir links auf einen asphaltierten Feldweg ab, der uns einen fantastischen Rundumblick auf das herrliche Panorama der Berge und Hügel des Taunus bietet. Hinter einer Brücke über die Bundesstraße 275 biegen wir rechts ab und sausen den Berg hinunter bis zu unserem Startpunkt am Sportplatz.

Hier sollten wir zum Schluss einen Abstecher in die wunderschöne **Fachwerkaltstadt von Idstein** ❾ machen. Direkt am Parkplatz vor den Altglascontainern startet ein Radweg in das knapp 1 Kilometer entfernte, historische Zentrum.

Alles auf einen Blick

Entspannung ✸✸✸✸✸
Genuss ✸✸✸✸✸
Romantik ✸✸✸✸✸

WIE & WANN:
Empfohlene Jahreszeit: Frühling bis Herbst; auf asphaltierten und wassergebundenen Wegen; weitgehend autofrei; in der ersten Hälfte kaum Einkehrmöglichkeiten

HIN & WEG:
Auto: Parkplatz an der Sportanlage Zissenbach in Idstein (GPS: 50.229556, 8.264800)
ÖPNV: Bf. Idstein-Wörsbach (RB), etwa 1 Kilometer zum Tourstart

ESSEN & ENTSPANNEN:
Café im Kloster Gnadenthal ❶ Hof-Gnadenthal e. V., 65597 Hünfelden, www.kloster-gnadenthal.de
Restaurant Mühlenkeller ❸ Bahnhofstraße 42 a, 65611 Brechen,
Tel. (0 64 38) 92 52 55, www.muehlenkeller.de
Restaurant Da Luca ❹ Am Schwimmbad 1 a, 65618 Selters,
Tel. (0 64 83) 22 91, www.daluca-selters.de
Restaurant Zum Bürgerhaus Oberselters ❺ Am Emsbach 1, 65520 Bad Camberg,
Tel. (0 64 83) 10 01, www.zum-buergerhaus-oberselters.de
Café Kardamom & Co ❼ Marktplatz 8, 65520 Bad Camberg,
Tel. (0 64 34) 9 05 35 10, www.kardamom-und-co.de

ENTDECKEN & ERLEBEN:
Berger Kirche ❷
Marktplatz Bad Camberg ❻
Amthof ❽ Altstadt Bad Camberg
Idstein Altstadt ❾

- ❋ 47 Kilometer
- ❋ 60 Höhenmeter
- ❋ 4 Stunden
- ❋ Rundtour

Zwischen Nieder-Roden und Seligenstadt

Auszeittour 2

Durch tiefe Wälder
Zwischen Offenbach und Seligenstadt

Wir parken auf dem riesigen, kostenlosen Parkplatz, der zum **Strandbad Nieder-Roden** ❶ am Badesee Rodgau gehört. Die Tour starten wir beim Haus des Angelsportvereins Rodgau am südwestlichen Ende des Parkplatzgeländes in der Nähe großer Wohnhäuser. Mit dem Vereinshaus im Rücken fahren wir auf den asphaltierten Rad- und Fußweg, der zwischen dem Freigelände und Mehrfamilienhäusern entlang zur **Rodgau-Ringstraße** führt. Die überqueren wir an einer Fußgängerampel und radeln links auf dem die Straße begleitenden Weg bis zur nächsten Kreuzung mit Ampelanlage und dort nach rechts auf die **Mainzer Straße.** Wo die Straße in einer Bahnunterführung verschwindet, halten wir uns rechts und folgen der hier beginnenden Straße entlang der Bahnlinie am **Bahnhof Rodgau-Dudenhofen,** dem Startpunkt unserer Tour für die mit der Bahn Angereisten.

In einer Rechtskurve führt ein Radweg weiter an den Gleisen entlang. Kurz danach überqueren wir einen Weg, der unter der Bahnlinie auf die andere Seite führt. Wir erreichen ihn, indem wir zweimal rechts abbiegen. Am Ende der Unterführung biegen wir vor einem Parkplatz um 180 Grad links ab und an der nächsten Straße nach rechts bis zu einer großen, platzähnlichen Kreuzung. An dem gegenüberliegenden weißen Haus fahren wir links in einen gepflasterten Weg ein (Ludwig-Erhard-Platz), der uns bis zur Nieuwpoorter Straße bringt. Diese überqueren wir und fahren in die für Autos gesperrte Bleichstraße.

Von hier ab können wir den Weg nicht verfehlen,

Auszeittour 2

wenn wir die folgenden 6 Kilometer immer geradeaus fahren bzw. nirgendwo vom Weg abbiegen, bis wir ein Stück nach der Überquerung der **A 3** den Wald verlassen. Nach dem Ortsende von **Dudenhofen** erreichen wir bald einen Waldrand. Eine kleine Hinweistafel zeigt uns, dass wir in einem FSC-zertifizierten Wald sind. An der nächsten Kreuzung beginnt eine große Lichtung, die sich die landwirtschaftliche Nutzung und das **Naturschutzgebiet Rotsohl und Thomassee von Dudenhofen** teilen. Wir fahren geradeaus und folgen dem holzgeschnitzten Wegweiser Richtung Seligenstadt. Wenn der Weg vollständig im kieferndominierten Wald eintaucht, nehmen wir den intensiven pinienähnlichen Duft des Baumharzes wahr, der uns an südliche Gefilde erinnert.

Alte Eichen bei Zellhausen

Zwischen Offenbach und Seligenstadt

 ## Für die Seele

Eine Tour für Waldliebhaber. Auf einsamen Wegen in stille Wälder eintauchen, durch das malerische Seligenstadt und entlang der grünen Ufer des Mains.

Wenn wir irgendwann im Wald auf eine beschilderte **Kreuzung** stoßen, biegen wir nicht links Richtung Seligenstadt ab, sondern fahren geradeaus weiter auf dem mit „Rhein-Main-Vergnügen 9" markierten Weg Richtung **Aschaffenburg** und **Alzenau.** Wenig später wird das Zwitschern der Vögel zunehmend von einem Rauschen übertönt. Es hört sich an wie eine falsche Tonspur zum Bild des grünen, stillen Waldes. Die Ursache ahnen wir, und spätestens auf der Brücke über die Autobahn **A 3** sehen wir sie. Gerne tauchen wir wieder in den dunklen Wald ein.

Schließlich erreichen wir nach schier endloser Fahrt durch dunkles Grün den Waldrand an einer Gruppe knorriger, alter Eichen. Wir fahren auf einem asphaltierten Weg weiter, der uns kurz danach eine Bahnlinie unterqueren lässt. Kurz vor einer großen Scheune stoppen wir an einem nicht erwarteten Marterl mit zwei Bänken am Wegesrand. Eine Tafel erzählt uns zwar nichts über das Kruzifix, aber von Ausgrabungen am **Zellhügel,** bei denen hier römische, ottonische und karolingische Grundmauern gefunden wurden.

Wir schwingen uns auf die Räder und erkennen am Horizont die Hügel des Spessarts. Ab den ersten Häusern von **Zellhausen** befinden wir uns auf der Bahnhofstraße, der wir 700 Meter folgen, bis wir einen Radwegweiser, der nach rechts zeigt, entdecken, hier aber weiter geradeaus bis zur nächsten Abzweigung ohne Wegweiser fahren, wo wir links in die Röhringstraße abbiegen. Ab hier geht es lange geradeaus wei-

*Auf dem **Zellhügel** bei Zellhausen stand bis 1816 ein mittelalterliches Kirchlein. In den Fundamenten fanden sich zwei Bruchstücke eines römischen Altars. Grabungen konnten auch einen Adelssitz und Kellergewölbe aus karolingischer Zeit nachweisen.*

Auszeittour 2

ter. An einem Kreisverkehr, an dem die Straße endet, fahren wir geradeaus auf einen Radweg, der über weite Wiesen, die von Wäldern begrenzt sind, führt. Links befindet sich im Gras die Landebahn eines Segelflugplatzes, was aus dieser Perspektive aber nicht zu erkennen ist.

Unser Weg überquert auf einer Brücke die Umfahrungsstraße von Seligenstadt. Wenn wir die ersten Häuser erreichen, biegen wir nach rechts in die Einhardstraße ab, auf der wir bleiben und den Radwegweiser nach links ignorieren. Nach einem Kreisverkehr biegen wir an der nächsten Kreuzung rechts auf die Jakobstraße ab. Der folgen wir bis an ihr Ende und biegen nach links zum Löffeltrinkerplatz ab, wo wir uns auch schon in der **Altstadt von Seligenstadt** befinden.

Wir radeln ein Stückchen weiter bis zur Kreuzung, wo es laut Wegweiser scharf nach rechts durch eine schmale Gasse zur Mainfähre geht. Es lohnt sich un-

> *Wenn man noch nie in der **Altstadt von Seligenstadt** war, sollte man hier mindestens eine extra Stunde Zeit einplanen, um durch die Gassen der Fachwerkstadt zu streifen und sich die romanische Einhardbasilika und den gesamten Klosterbezirk mit Mühle und Garten anzuschauen.*

Seligenstadt

Freihofplatz in Seligenstadt

bedingt, zuvor einen Abstecher zum **Marktplatz** ❷ zu machen, nur ein Stückchen geradeaus weiter. Auf dem Weg Richtung Fähre kommen wir zum dreieckigen Freihofplatz mit Tischen und Stühlen. Am Ende der Straße sehen wir die **Einhardbasilika** ❸. Zuvor sollten wir uns eine Kulturpause gönnen. Durch einen barocken Torbogen in der Klostermauer erreichen wir das Gelände der ehemaligen Benediktinerabtei, wo wir uns die Mühle und den **Klostergarten** ❹ nicht entgehen lassen sollten. Im Klostergebäude wartet das **Klostercafé** ❺ mit Terrasse.

Wir setzen den Weg vom Freihofplatz Richtung Einhardbasilika fort, wobei wir noch vor der Kirche am **Weincafé Selig** ❻ vorbeikommen. Kurz vor der Mainfähre bietet das **Eiscafé Maintor** ❼ feinste Spezialitäten an. Unmittelbar vor der Anlegestelle geht es nach links auf den Mainradweg, der uns zunächst die Mauern des **Palatiums** ❽ linker Hand, die Ruine einer staufischen Kaiserpfalz aus dem 12. Jahrhundert, bestaunen lässt. Wenige Meter weiter sehen wir den **Pulverturm.** Die grünen Uferwiesen auf dieser Seite des

Auszeittour 2

Mains und die dichte Ufervegetation auf der gegenüberliegenden Flussseite vermitteln den Eindruck perfekter Naturidylle zwischen Industrie-, Gewerbegebieten und dem Steinkohlekraftwerk in Großkrotzenburg.

Nach der Schleuse Krotzenburg gehören die Häuser links vor uns zu **Hainburg.** Kurz führt der Radweg direkt zur Hauptstraße in Hainburg hinauf, verläuft danach aber wieder hinunter Richtung Ufer. Hier sind wir nun direkt gegenüber dem Kraftwerk, das von unten gigantisch wirkt. Bald laden Wegweiser nach links zum Besuch einer Eisdiele oder des Hessischen Hofs Richtung Hainstadt Mitte ein. Wir nehmen aber die nächste Linksabbiegung hinauf in die **Mühlgasse** (kurz bevor der Mainradweg eine Kurve Richtung Flussufer macht).

Wir treffen auf die **Hauptstraße,** auf der wir uns für wenige Meter rechts halten, um sofort vor einem Autohaus links in die **Mühlgrabenstraße** abzubiegen. Wir fahren entlang einer Wohnsiedlung, überqueren einen schmalen Bahnübergang und biegen unmittelbar dahinter rechts ab. Nach wenigen Metern geht es wieder links Richtung Alte Fasanerie.

Nach einer Linkskurve kommen wir in einen Wald, wo wir gleich an der ersten Abzweigung rechts abbiegen. Wenn der Weg den Wald verlässt, treffen wir auf den Parkplatz der **Alten Fasanerie** . Wir fahren weiter und biegen am Ende des Parkplatzes rechts ab auf die Zufahrtstraße für Pkw, der wir bis zum **Tistrasee** folgen und davor links abbiegen. Wenig später kommen wir an eine stark befahrene Straße. Unmittelbar vor der Einmündung führt eine Straße nach links zu einem weiteren Eingang der Fasanerie. Nach 100 Metern biegt ein Pfad rechts Richtung Straße ab und mündet in einen Streifen am Fahrbahnrand. Dem müssen wir nun insgesamt genau 500 Meter tapfer folgen, zunächst unter der ersten und kurz darauf unter der zweiten **Schnellstraßenbrücke** am Dreieck **B 45** und **B 43a** entlang. 80 Meter nach der zweiten Brücke dür-

*Der bei Klein-Auheim gelegene **Wildpark Alte Fasanerie** gibt seit Ende der 60er-Jahre über 350 Tieren, die mittel- und nordeuropäischen Arten angehören, auf 107 ha einen großzügigen und natürlichen Lebensraum. Die Anlage geht auf eine 1705 von Erzbischof Lothar Franz von Schönborn angelegte Fasanerie zurück.*

Zwischen Offenbach und Seligenstadt

Pulverturm in Seligenstadt

fen wir links in den Wald abbiegen auf einen asphaltierten Weg, die **alte B 45.** Diese verlassen wir nach genau 300 Metern an der ersten Abzweigung in einen Forstweg nach rechts (ohne Wegweiser).

Der Weg führt uns nun lange geradeaus durch einen nach Pinien duftenden **Kiefernmischwald.** Nach 1,5 Kilometern treffen wir auf eine T-Kreuzung und biegen links ab, um gleich an der nächsten Abzweigung scharf nach rechts Richtung **Lämmerspiel** abzubiegen. Nach gut 1 Kilometer treffen wir auf eine Straße, vor der wir links Richtung Lämmerspiel fahren. Der Weg verlässt den Wald parallel zur Straße über schöne Streuobstwiesen, bevor wir den Ort Lämmerspiel erreichen. An einem Stoppschild folgen wir der leicht nach links versetzten Steinheimer Straße geradeaus.

Auszeittour 2

An der übernächsten Kreuzung treffen wir auf eine Durchgangsstraße, die wir geradeaus überqueren und dann in eine kurze, als Sackgasse gekennzeichnete Straße fahren. An ihrem Ende gelangen wir in einen kleinen **Park,** den wir geradeaus durchqueren. Wir erreichen gleich eine Straße und biegen rechts in die Schumacherstraße ab. An der folgenden T-Kreuzung biegen wir links ab und steuern direkt auf einen Wald zu, in dem es auf einem Forstweg kurz leicht bergauf geht. An der ersten Gabelung halten wir uns links und fahren, wie auf der gesamten Strecke durch den Wald, geradeaus Richtung **Offenbach-Bieber.**

Wir überqueren die Schnellstraße **B 448** und verlassen damit den Wald. Wenig später endet unser Weg am Ortsrand von **Bieber** an der Fußgängerunterführung unter einer Bahnlinie. Da unser Weg auf der anderen Seite geradeaus weiterführt, tragen wir die Räder die wenigen Stufen hinunter und wieder hinauf oder benutzen die Rampe für Kinderwagen. An der nächsten Kreuzung biegen wir rechts ab in die Seligenstädter

Zille am Main

Zwischen Offenbach und Seligenstadt

Straße und nach wenigen Metern in die zweite links, unmittelbar vor einem Kiosk, in die Obermühlstraße (RMV 9). Der folgen wir zunächst bis zum **Gasthaus Obermühle** ❿ und dann an ihm vorbei weiter durch eine bildhübsche Landschaft entlang der Bieber. An einer T-Kreuzung vor einer Wiese fahren wir links und bei einer Kleingartenanlage wieder rechts.

Hinter den Gärten geht es erneut in den Wald. Am Ende des Waldes sehen wir schon von Weitem eine **Brücke** über die Bahnlinie. Diese nehmen wir, indem wir den Radwegweisern Richtung Seligenstadt und Obertshausen folgen. Nach der Bahnüberquerung treffen wir auf die Schlossstraße, die eigentlich eine Allee ist und uns zu einem prächtigen weißen Renaissanceschloss bringt. Historische Räume gibt es im **Schloss Schönborn** ⓫ leider nicht zu besichtigen, aber die **KostBar** ⓬ lädt zum Verweilen ein.

Wir setzen unsere Tour fort, indem wir am südlichen Ende des Schlossgartens die linke Straße nehmen, am **Schlosshotel** im Stil der 1990er-Jahre die Frankfurter Straße überqueren und gegenüber in einen schmalen Weg fahren. Am Ende des laubenartigen Pfades halten wir uns links, biegen danach links ab und durchqueren die **Bieberaue** (Regionalpark-Route). Wir treffen auf der anderen Seite der Bieberaue auf den Nieder-Röder-Weg, auf den wir rechts einbiegen und die darauffolgende Ringstraße geradeaus überqueren. Rechts des Weges erstreckt sich bis zum Waldrand ein Streifen geschützter **Sandmagerrasen.**

Nun taucht der Weg in einen schönen **Wald** ein. Wir folgen dem **R 4** über 5 Kilometer, wo der Wald am **Rodgauer Baggersee** endet. An der Stelle, wo der **R 4** rechts abbiegt, fahren wir zunächst noch geradeaus. Bevor der Radweg in eine Wohnstraße übergeht, biegen wir am Ende einer Hecke links in einen Fußgänger- und Radweg ein. An dessen Ende haben wir das Anglerheim und somit den Ausgangsort unserer Tour erreicht. Je nach Jahreszeit und Wetter kann man nun noch dem **Strandbad** einen Besuch abstatten.

Alles auf einen Blick

Entspannung ✹✹✹✹✹
Genuss ✹✹✹✹✹
Romantik ✹✹✹✹✹

WIE & WANN:
Empfohlene Jahreszeit: Frühling bis Herbst; teils auf asphaltierten Wegen, teils auf befestigten Forstwegen; keine nennenswerten Steigungen; weitgehend autofrei

HIN & WEG:
Auto: Parkplatz am Strandbad Rodgau (GPS: 50.007740, 8.872241)
ÖPNV: Bf. Rodgau-Dudenhofen (S 1)

ESSEN & ENTSPANNEN:
Klostercafé Seligenstadt ❺ Klosterhof 2, 63500 Seligenstadt,
Tel. (0 61 82) 89 83 60, www.klostercafe-seligenstadt.de (Mo.–So. 9–18 Uhr)
Weincafé Selig ❻ Große Maingasse 6, 63500 Seligenstadt,
Tel. (0 61 82) 9 48 58 04, www.selig-weincafe.de
Eiscafé Maintor ❼ Große Maingasse 22, 63500 Seligenstadt,
Tel. (01 71) 2 76 82 05, www.eiscafemaintor.de
Gasthaus Obermühle ❿ Obermühlstraße 63, 63073 Offenbach,
Tel. (0 69) 89 85 39, www.gasthaus-obermuehle.de
KostBar ⓬ Im Herrngarten 1, 63150 Heusenstamm,
Tel. (01 77) 3 43 17 99, www.kostbar-hst.de (Mi.–Mo. ab 11.30 Uhr)

ENTDECKEN & ERLEBEN:
Strandbad Nieder-Roden ❶ 63110 Rodgau, Tel. (0 61 06) 73 31 48, www.rodgau.de
Marktplatz ❷ 63500 Seligenstadt
Einhardbasilika ❸ Große Maingasse, 63500 Seligenstadt, www.seligenstadt.de
Klostergarten ❹ Aschaffenburger Straße 91, 63500 Seligenstadt, www.schloesser-hessen.de
Palatium ❽ 63500 Seligenstadt
Wildpark Alte Fasanerie ❾ Fasaneriestraße 106, 63456 Hanau,
Tel. (0 61 81) 61 83 30 10, www.erlebnis-wildpark.de
Schloss Schönborn ⓫ Im Herrngarten 1, 63150 Heusenstamm, www.heusenstamm.de

- ❋ 26 Kilometer
- ❋ 200 Höhenmeter
- ❋ 3 Stunden
- ❋ Rundtour

Wäschbachtal

Auszeittour 3

Grüne Oasen
Wiesbadens grüne Idylle

Wir beginnen die Tour am Parkplatz beim **Erbenheimer Bürgerhaus,** indem wir an der Ausfahrt links auf die schmale, asphaltierte Straße abbiegen. An der ersten Gabelung nach links bleiben wir auf dem asphaltierten Weg geradeaus Richtung Igstadt. Links des Wegs begleitet uns der in den Auewiesen kaum sichtbare **Wäschbach.** Links erkennen wir am Horizont die Ausläufer des Taunus. Rechts des Wegs erstreckt sich ein schmaler Streifen Urwald bis hin zur parallel verlaufenden Bahnlinie.

Nach insgesamt etwa 1 Kilometer weisen uns plötzlich Tafeln auf einen schmalen Pfad in das Dickicht hin, den **Erbenheimer Erlebniswald** . Wir stellen die Räder ab und lassen uns ein auf das Erlebnis. Nach wenigen Metern begrüßen uns Bänke aus Apfelbaumholz, gruppiert um eine Feuerstelle. Der schattige und kühle Ort schreit geradezu nach „Auszeit". Über einen mit Mulch bedeckten Pfad können wir noch eine kleine Runde im Urwald drehen, bevor wir wieder auf die Räder steigen und dem Weg entlang des Wäldchens weiter folgen.

Kurz darauf halten wir uns rechts und bleiben weiter auf dem R 6 durch die grüne Oase des idyllischen **Wäschbachtals.** Wenig später geben die Bäume den Blick frei auf Wiesen und Felder. Auf einem Hügel vor uns ragen aus üppigem Grün der trutzige Kirchturm und der 1910 erbaute Wasserturm von **Igstadt** heraus. Kurz darauf knickt der Weg leicht links ab und wird rechts von Streuobstwiesen begleitet. Ab und zu laden Bänke am Wegesrand zu einer Pause

> Vom Startpunkt bis zum praktisch höchsten Punkt der Tour folgen wir im Wald bei der Steinkaut dem hessischen **Fernradweg R 6**, der mit deutlichen Wegweisern gut ausgeschildert ist. Für die zweite Hälfte der Tour gibt es keine einheitliche Beschilderung.

Auszeittour 3

Östlich von Wiesbaden befindet sich das sogenannte **Ländchen**, ein historisches Gebiet, das zehn Dörfer von Igstadt bis Diedenbergen und von Niedernhausen bis zur Domäne Mechtildshausen umfasst. Zwischen Wiesbaden und Niedernhausen verkehrt seit dem 19. Jh. bis heute die Ländchesbahn, der wir auf der Tour mehrfach begegnen.

Sonntagmittag lohnt sich in Kloppenheim ein Abstecher für ein gutes Mittagessen zum traditionsbewussten **Landgasthof Zum Schwanen**, der sich in der Ortsmitte befindet. Um dorthin zu gelangen, biegen wir unmittelbar vor der Stiegelstraße links ab.

ein, die wir uns aber noch verkneifen. An der nächsten Gabelung folgen wir links dem **R 6**, der uns am Dorfrand entlang an Igstadt vorbeiführt. Hinter dem letzten Haus werden wir rechts um die Ecke geleitet, biegen gleich danach links ab und lassen Igstadt hinter uns liegen.

Wir folgen stets dem **R 6**, bis wir am Ortsrand von **Kloppenheim** auf einen Kopfsteinpflasterweg stoßen, auf den wir rechts abbiegen und kurz darauf die **Stiegelstraße** überqueren. Wer möchte, kann hier einen Abstecher zum **Landgasthof zum Schwanen** ❷ in Kloppenheim einlegen. Ab hier führt der Weg recht kurz, aber steil bergauf auf einen Hügel, auf dem wir links abbiegen und dem **R 6** folgen. Beiderseits des Wegs erstrecken sich die klassischen **Streuobstwiesen**.

Zugang zum Steinbruch

Wiesbadens grüne Idylle

🌼 Für die Seele

Natur pur im Stadtgebiet von Wiesbaden. Durch idyllische Täler und den prächtigen Stadtwald, vorbei an kleinen Dörfchen und abgelegenen Mühlen.

Am vermeintlichen Ende der Wiesen biegt unser Weg rechts ab, bald danach am höchsten Punkt des Hügels wieder links, bis wir auf eine Landstraße treffen. Hier fahren wir kurz nach rechts, bis wir sie nach 20 Metern schräg links wieder verlassen können, auf einen Weg, der uns mitten durch herrliche Streuobstwiesen führt.

Wir folgen dem Weg ein schönes Stück am Rande des **Wiesbadener Hochtaunus,** bis er in den Wald eintaucht. Hier geht der asphaltierte Feldweg in einen gut ausgebauten Forstweg über, der uns die nächsten Kilometer durch herrlichen **Mischwald** mit prächtigen alten Bäumen führen wird.

Nach Überquerung einer Straße steigt der Weg leicht an und führt durch einen schönen Wald mit mächtigen Rotbuchen. Nach wenigen Hundert Metern erreichen wir den Beginn einer **Kastanienallee,** vor der wir uns rechts halten. Entlang des **R 6** geht es nun bergab bis zu einer Talsenke, wo links ein Einschnitt im Berghang zu erkennen ist. Wir stellen die Räder ab und erkunden über einen Pfad den ehemaligen Steinbruch **Schwarze Steinkaut** ❸, der nichts anderes als der Schlot eines kleinen Vulkans ist. Heute ist er ein romantisches mit Farn, Sträuchern und Bäumen bewachsenes Biotop.

Nach 400 Metern kommen wir an eine **Kreuzung** kurz vor dem Waldrand, wo sich mehrere Wege treffen. Ab hier folgen wir nicht mehr dem **R 6.** Hier biegen wir so scharf wie möglich rechts ab, sodass wir wie in einer Haarnadelkurve fast wieder zurückfah-

Die **Schwarze Steinkaut** *ist das besonders beeindruckende Überbleibsel eines Vulkanschlotes. Das flüssige Magma erstarrte zu Basalt, der sich bis in unsere Tage erhalten hat. Wie auch hier, diente er häufig als Steinbruch. Er ist schon lange stillgelegt und romantisch mit Bäumen und Büschen bewachsen.*

Auszeittour 3

ren. Es geht nun weiter durch herrlichen lichten Buchenwald in leichten Kurven gut 2 Kilometer bergab bis zu einer Kreuzung, wo wir links auf einen weiter bergab führenden Weg mit einem roten Rechteck als Wanderwegmarkierung abbiegen. Nach 200 Metern öffnet sich der Wald und gibt den Blick frei auf das idyllische **Alsbachtal.** Wir lassen uns auf einer der Bänke nieder, um die Stille und Idylle des schmalen Wiesentales auf uns wirken zu lassen.

Wir setzen die Fahrt fort, indem wir den auf der gegenüberliegenden Seite des Tals im Wald ansteigenden Weg nehmen, der kurz danach den Wald verlässt und über Felder führt. Er mündet schließlich in eine T-Kreuzung, wo wir rechts abbiegen. Nach einer scharfen Kurve endet der Weg an einer Landstraße, auf die wir rechts abbiegen, um sie nach 300 Metern hinter einer Bushaltestelle nach links Richtung Kläranlage wieder zu verlassen. Der Weg führt direkt auf die schön restaurierte **Auringer Mühle** ❹ zu, die sich im Sommer für eine Einkehr anbietet.

Wenn die Mühle geschlossen ist, biegen wir unmittelbar hinter der Brücke zur Mühle vor deren Gartentor rechts ab. Wir lassen die Kläranlage rechts liegen und haben an der nächsten Gabelung die Möglichkeit, die Räder links den Hang zu einem Abstecher hinaufzuschieben für eine Einkehr im historischen **Hinkelhaus** ❺ mit hessischen und gutbürgerlichen Gerichten. Um die Tour fortzusetzen, halten wir uns hier rechts Richtung Igstadt und folgen dem idyllischen Weg durch das grüne, romantische **Wickerbachtal.**

Nach 1,5 Kilometern lockt auf der anderen Seite des Bachs die **Hockenberger Mühle** ❻ mit einer weiteren Einkehrmöglichkeit. Wir radeln zunächst in jedem Fall ein paar Meter weiter, bevor wir vor einem Berg rechts abbiegen und den Bach überqueren müssen. Wir wundern uns, dass der Bach in einem Tunnel verschwindet. In Wahrheit handelt es sich bei dem Berg um einen sehr hohen Bahndamm für die ein-

Hockenberger Mühle

Auszeittour 3

Wickerbachtal

spurige Trasse der **Ländchesbahn,** einer alten Nebenstrecke zwischen Wiesbaden und Niedernhausen. Wir treffen wenige Meter später auf einen asphaltierten Weg, über den wir nach rechts zur Hockenberger Mühle gelangen oder nach links unsere Tour fortsetzen. Wir halten uns links und erreichen einen Tunnel, der denselben Bahndamm wie der Bach unterquert, wonach wir an der nächsten T-Kreuzung rechts abbiegen und unsere Fahrt am linken Bachufer im **Naturschutzgebiet Wickerbachtal** fortsetzen.

Nach 1 Kilometer erreichen wir einen **Waldparkplatz**

Wiesbadens grüne Idylle

an einer Landstraße. Hier biegen wir für 200 Meter nach rechts in die Straße ein und fahren in der nächsten Rechtskurve geradeaus auf einem betonierten Feldweg weiter Richtung Igstadt. An einer Gabelung fahren wir nach rechts leicht bergauf und biegen an der nächsten Möglichkeit links ab. Von hier oben erkennen wir links die Ausläufer des Taunus.

Der Weg endet an der Breckenheimer Straße, auf der wir rechts abbiegen, um nach 100 Metern hinter einer Scheune links in einen weiteren Feldweg abzubiegen. An der nächsten T-Kreuzung zweigen wir rechts ab, wonach es leicht bergauf geht bis zu einer Landstraße zwischen Igstadt und Nordenstadt. Diese überqueren wir geradeaus weiter, wobei wir zunächst an einem **Sportzentrum** entlangradeln, danach an einem Wohngebiet. Am Ende des Wohngebiets biegen wir rechts ab, radeln geradeaus an zwei Aussiedlerhöfen vorbei und treffen an einer T-Kreuzung auf eine betonierte Straße. Diese fahren wir nach links, bis wir auf eine Kreuzung mit abknickender Vorfahrt treffen. Hier biegen wir rechts ab und treffen sofort auf den **Hof Erbenheim** ❼ mit seinem Bauernladen.

An der nächsten Kreuzung vor einer Obstplantage biegen wir links ab. Nach gut 400 Metern biegen wir vor einem **Reiterhof** rechts ab und an der nächsten T-Kreuzung vor einer Einfamilienhaussiedlung halten wir uns für 150 Meter links, um dann rechts in die Karl-Drebert-Straße zu fahren. Sie führt uns zwischen Reihenhäusern bis zu einer T-Kreuzung, auf die wir links abbiegen. Der Buschungstraße folgen wir bis zur Kreuzung mit der Sigismundstraße, an der uns ein Wegweiser nach rechts Richtung **Bürgerhaus** weist, wo wir die Tour begonnen haben. Nach der Brücke über die Bahnlinie haben wir den Parkplatz erreicht. In der **Frankenstube** ❽ an den Tennisplätzen gegenüber dem Bürgerhaus kann man sich beim klassischen Griechen mit Gyros und einem frisch gezapften Bier stärken.

Alles auf einen Blick

Entspannung ✸✸✸✸✸
Genuss ✸✸✸✸✸
Romantik ✸✸✸✸✸

WIE & WANN:
Empfohlene Jahreszeit: Frühling bis Herbst; vorwiegend auf asphaltierten Wegen und gut befestigten Forstwegen; nur eine kurze, starke Steigung, ansonsten gleichmäßige, sanfte Anhöhen vorwiegend im Wald; weitgehend autofrei

HIN & WEG:
Auto: Parkplatz am Bürgerhaus Erbenheim (GPS: 50.058709, 8.300049)
ÖPNV: Bf. Wiesbaden-Erbenheim (RB), etwa 700 Meter zum Tourstart

ESSEN & ENTSPANNEN:
Landgasthof zum Schwanen ❷ Oberstraße 8, 65207 Wiesbaden-Kloppenheim,
Tel. (06 11) 23 83 34 33, restaurant-zum-schwanen.de
Café Auringer Mühle ❹ Alt Auringen 10, 65207 Wiesbaden,
Tel. (0 61 27) 9 99 83 82, www.auringermuehle.de (Juli/Aug. Sa./So.)
Gaststätte Hinkelhaus ❺ August-Ruf-Straße 44, 65207 Wiesbaden,
Tel. (0 61 27) 45 55, www.hinkelhaus.com
Landgaststätte Hockenberger Mühle ❻ Hockenberger Höhe 4, 65207 Wiesbaden,
Tel. (06 11) 50 20 88, www.hockenberger-muehle.de
Frankenstube Erbenheim ❽ Am Bürgerhaus, 65205 Wiesbaden, Tel. (06 11) 71 31 41

ENTDECKEN & ERLEBEN:
Erbenheimer Erlebniswald ❶
Schwarze Steinkaut ❸ Kastanienweg 9, 65207 Wiesbaden
Hof Erbenheim ❼ Oberfeld 30, 65205 Wiesbaden,
Tel. (06 11) 7 23 94 82, www.hof-erbenheim.de

Auszeittour 4

Im Land der Weine
In Rheinhessen auf Bahntrassentour

Wenn wir bei den Parkplätzen am Flussufer stehen mit dem Rhein im Rücken, sehen wir bei der **Eisdiele Morano** ❶ einen Fußgängerweg mit Ampel, über den wir die stark befahrene Uferstraße **B 9** überqueren. Ein paar Meter weiter rechts befindet sich die Dammgasse, in der wir auf die Räder steigen, um die Tour zu beginnen. Wir unterqueren die Bahnlinie und biegen an der nächsten Straße rechts ab. Auf ihr halten wir uns zweimal links, um dann von der Glockengasse rechts in die Langgasse abzubiegen. An der nächsten Kreuzung haben wir den hübschen **Marktplatz** ❷ erreicht. Wir sollten uns nach der Radtour Zeit nehmen, um uns hier in den Seitengassen genauer umzuschauen. Dabei finden wir sicher die eine oder andere lohnenswerte Einkehrmöglichkeit. Am Marktplatz befindet sich auch eine **Bäckerei,** wo wir uns mit Proviant für unterwegs versorgen können.

An der Kreuzung finden wir die Fahrradwegweiser, die nach rechts Richtung Nackenheim und Amiche-Tour zeigen. Letzterem folgen wir auf der gesamten Strecke, sofern wir ihn entdecken. Wir fahren auf der Rheinstraße leicht bergab und biegen nach einer Linkskurve vor der Bahnunterführung links ab. Wir radeln direkt auf einen Weinberg zu, der von der **Kilianskirche** gekrönt wird. Vor einer Mauer fahren wir rechts und danach sofort wieder links.

Bald befinden wir uns inmitten von Weinbergen, die links von uns in der Weinlage **„Roter Hang"** steil ansteigen. Vom leicht erhöhten Standpunkt blicken wir auf den blauen Rhein und sein grünes, flaches Hinter-

Der Verlauf der Radtour entspricht weitgehend dem der **Amiche-Rundtour.** *Die Beschilderung ist leider recht lückenhaft, weshalb immer wieder ein Blick auf die Routenbeschreibung nötig ist. Dank der Bahntrassen, auf denen ein Teil der Route verläuft und die nie mehr als 4 % Steigung haben, erklimmt man die Hügel ohne große Anstrengungen.*

Auszeittour 4

> Der **"Rote Hang"** ist eine Weinlage in Rheinhessen über dem Rhein zwischen Nierstein und Nackenheim. Der Hang entstand vor über 280 Mio. Jahren beim Einbruch des Rheingrabens. Sein Name leitet sich vom auffallend roten Boden ab, auf dem Rieslinge mit Weltruf angebaut werden.

land. Wir erreichen schließlich eine Abzweigung an einer Abzweigung an einer **Weinlaube,** die zu einer kurzen Rast einlädt. Wir müssen hier Richtung Rhein abbiegen, um ein Stück weiter am Bahndamm weiterzufahren.

Wenig später treffen wir auf eine Landstraße an einem beschrankten **Bahnübergang,** den wir überqueren, um danach sofort links in einen Radweg einzubiegen. Wir fahren nun weiter bis **Nackenheim,** wo wir am Ortsanfang auf der anderen Seite der Bahngleise ein Haus mit der Aufschrift „Biergarten" sehen, welches über die vor uns liegende Unterführung zu erreichen ist. Wir fahren rechts auf dem Radweg weiter, den wir nach etwas mehr als 100 Metern nach links durch die Hochwasserschutzmauer verlassen, um auf der Rheinstraße weiterzufahren. Auf der Höhe einer Fußgängerbrücke über die B 9 biegen wir links ab und fahren vor der Lärmschutzwand der Bahnlinie rechts weiter. Wenig später knickt die Straße nach links ab, wonach wir in die nächste Straße links abbiegen und durch eine Unterführung die Bahnlinie unterqueren. Danach fahren wir sofort rechts, biegen dann am Ende der Straße

Weinlage „Roter Hang"

In Rheinhessen auf Bahntrassentour

Für die Seele

Zwischen Weinbergen und dem Rhein über Bahntrassen elegant durch die sanften Hügel Rheinhessens radeln, die Aussicht und die besten Weine genießen.

links ab und fahren geradeaus weiter, bis wir an einer Tankstelle die Mainzer Straße erreichen. Entlang dieser fahren wir auf dem Rad- und Fußweg 1,6 Kilometer bis nach **Bodenheim.** Am Begrüßungsschild des Weinorts endet der Radweg und wir fahren weiter auf der Straße bis zur Sparkasse, an der wir links Richtung altem Ortskern abbiegen. Die Straße steigt leicht bergan und endet vor einem hübschen Fachwerkhaus. Kurz davor befindet sich links das **Weingut Adam Weber** ❸ mit Gutsausschank in einem stimmungsvollen Innenhof und einem historischen Gewölbekeller. Biegt man rechts ab, erreicht man nach wenigen Metern das gutbürgerliche **Gasthaus Zum goldenen Lamm** ❹ in einem Fachwerkhaus aus dem 17. Jahrhundert. Wir biegen aber links in die Gaustraße ab und können diese nach einer leichten Rechtskurve bald nach links verlassen, beim Wegweiser „Anglerheim an der Silz". Es geht nun leicht bergauf durch **Weinberge.** Wenn wir die erste Hügelkuppe erreicht haben, wartet unter einem Mandelbaum eine Bank mit schönem Ausblick über die Reben auf die rheinhessische Landschaft.

Der Weg führt leicht bergab, wir überqueren eine Straße unten im Tal und fahren geradeaus weiter auf einem betonierten Feldweg, umrahmt von Weinbergen. Bald geht es wieder leicht bergauf. Kurz vor **Gau-Bischofsheim** kommen wir an eine T-Kreuzung, fahren dort links und hinter einem überdachten Rastplatz mit Grill wieder rechts. Es geht leicht bergab in Richtung eines Neubaugebietes. Wir überqueren eine Straße und fahren unmittelbar danach rechts in eine

Auszeittour 4

Wohnstraße, die kurz danach links abknickt, und wo wir endlich auf den **Bahntrassenradweg** stoßen, auf den wir nach links einbiegen.

Der teilweise tunnelartig mit Sträuchern und Bäumen bewachsene Radweg führt nur minimal ansteigend über weite Felder. Nachdem wir am Ortsrand von **Mommenheim** eine Straße überquert haben, halten wir uns rechts und folgen weiter dem Verlauf der Bahntrasse. Elegant überqueren wir auf einem Damm einen Taleinschnitt.

In **Selzen** überqueren wir eine Straße und fahren geradeaus weiter. Wir erreichen eine weitere Straße an einer Bushaltestelle, wo wir uns kurz rechts und gleich wieder links halten, dem Radwegweiser folgend. Hier befinden wir uns nun in der Bahnhofstraße und haben die Bahntrasse verlassen. Später werden wir bei Friesenheim erneut auf ihr weiterfahren können.

Wir kommen am ehemaligen Bahnhofsgebäude vorbei. Nach einer Linkskurve biegen wir, dem Radwegweiser Richtung Nierstein folgend, scharf links ab.

Jordan´s Untermühle

In Rheinhessen auf Bahntrassentour

Vor einem großen landwirtschaftlichen Betrieb geht es nach rechts weiter. Wenig später taucht ein malerisches Fachwerkensemble vor uns auf, **Jordan's Untermühle** ❺, ein Wellness-Hotel mit gemütlichem Restaurant und einem idyllischen Innenhof.

Wir fahren weiter, bis wir das Örtchen **Köngernheim** erreichen. Hier treffen wir auf die Selz, die wir über ein Brückchen überqueren müssen, um dahinter nach links dem Bachlauf zu folgen. Kurz darauf überqueren wir eine Straße und fahren sofort danach unter der nächsten Straße entlang, die sich beide in einem Kreisverkehr treffen. Nach 100 Metern biegen wir links ab Richtung Nierstein. Der asphaltierte Weg knickt kurz darauf nach links und wieder nach rechts ab und führt ab hier ein Stückchen die **Selz** entlang.

Kurz vor **Friesenheim** treffen wir erneut auf den **Bahntrassenradweg,** den wir über einen kleinen Schlenker erreichen. Auf ihm setzen wir unsere Fahrt bei teilweise sanftem Anstieg 4,5 Kilometer fort, bis wir die Trasse in **Dexheim** kurzzeitig verlassen müssen. An einer T-Kreuzung vor einem Weinberg biegen wir links auf die Bahnhofstraße ab. Hinter einem Friedhof können wir rechts abbiegen und die Fahrt auf der Bahntrasse fortsetzen, wo es nun leicht bergab geht.

Kurz vor **Nierstein** treffen wir auf eine kleine Grünanlage, genannt das **Kanzlereck** ❻. Konrad Adenauer hat sie ihren Namen zu verdanken. Er ist 1956 auf dieser Bahnlinie, die jetzt ein Fahrradweg ist, gefahren. Die Nebenstrecke von Nierstein nach Köngernheim nannte sich „Valtinche". Am Ortsanfang von **Nierstein** endet die Bahntrasse an der Wörrstädter Straße, der wir nach rechts talwärts bis fast an den Rhein folgen. Vor einer Rechtskurve müssen wir die Straße geradeaus verlassen, unterqueren die Bahnlinie und überqueren die Uferstraße **B 9** an einer Fußgängerampel. Am Rheinuferradweg angekommen, fahren wir links und erreichen kurz darauf unseren Ausgangsort. Einen Eisbecher in der **Eisdiele Morano** haben wir uns nun auf jeden Fall verdient.

*In Nierstein gibt es am liebevoll gestalteten Marktplatz, der nachts dank eines besonderen Lichtkonzepts erstrahlt, nette Lokale und Gutsausschänke. Auf etwa halber Tourstrecke werden in **Jordan's Untermühle** alle Sinne gestreichelt. Das einmalig schöne Ambiente des historischen Guts sollte man sich nicht entgehen lassen.*

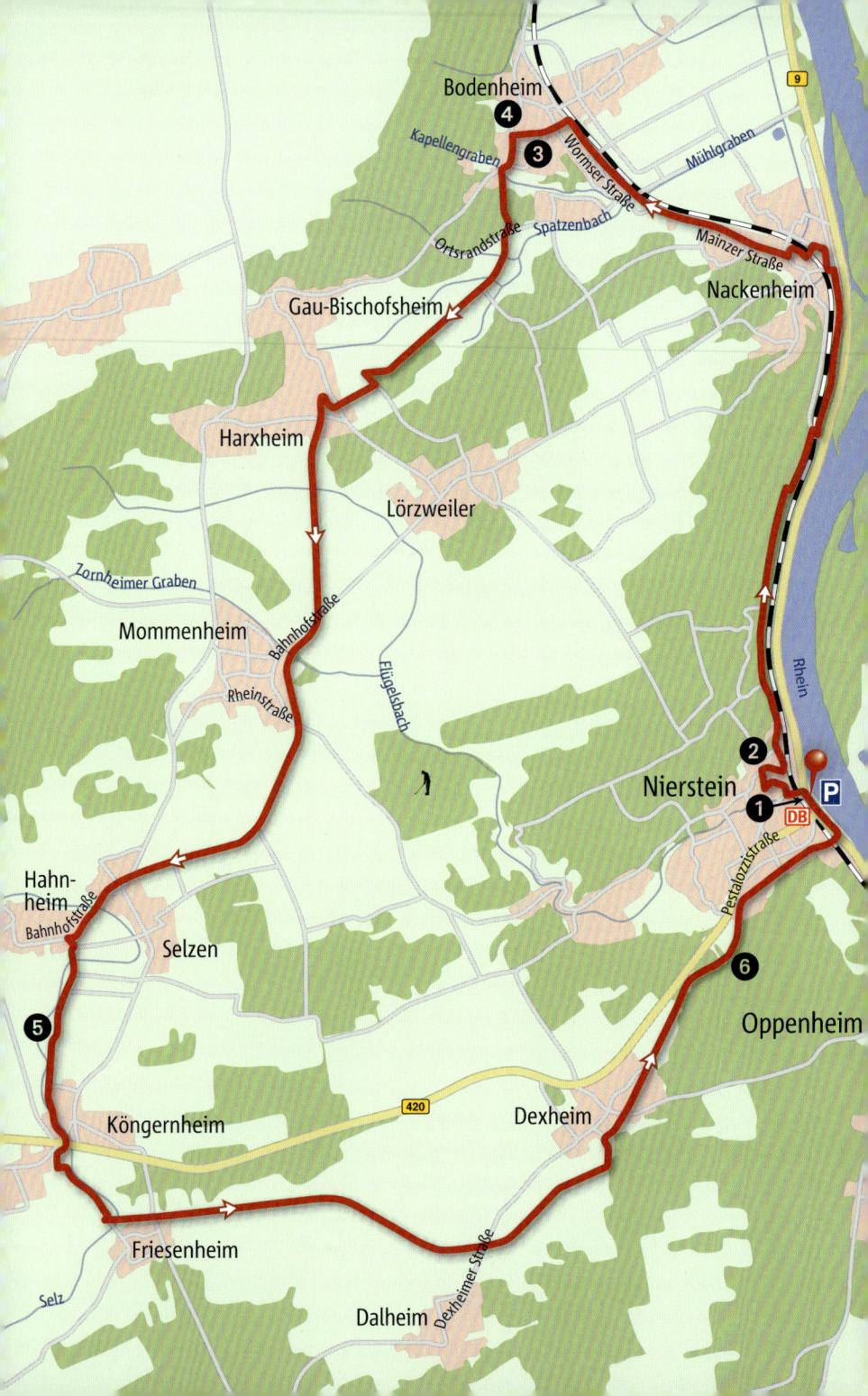

Alles auf einen Blick

Entspannung ✸✸✸✸✸
Genuss ✸✸✸✸✸
Romantik ✸✸✸✸✸

WIE & WANN:
Das ganze Jahr möglich, wenig Schatten; teilweise auf ehemaligen Bahntrassen, keine starken Steigungen; durchweg asphaltierte oder betonierte Wege, weitgehend autofrei, außer in Bodenheim; Beschilderung: Amiche-Tour

HIN & WEG:
Auto: Parkplatz am Rheinufer P 1 (GPS: 49.874062, 8.342558) und P 2 (GPS: 49.872238, 8.343779) oder neben dem Bahnhof P 3 (GPS: 49.871732, 8.343519)
ÖPNV: Bf. Nierstein (S 6)

ESSEN & ENTSPANNEN:
Eisdiele Morano ❶ Mainzer Straße 2 a, 55283 Nierstein, Tel. (01 72) 6 22 49 98
Weingut Adam Weber ❸ Langgasse 20, 55294 Bodenheim, Tel. (0 61 35) 34 97, www.uriger-weinkeller.business.site
Gasthaus Zum goldenen Lamm ❹ Gaustraße 11–13, 55294 Bodenheim, Tel. (0 61 35) 2 32 60, www.goldeneslamm-bodenheim.de
Restaurant und Hotel Jordan's Untermühle ❺ Außerhalb 1, 55278 Köngernheim, Tel. (0 67 37) 7 10 00, www.jordans-untermuehle.de (tägl. 12–21 Uhr)

ENTDECKEN & ERLEBEN:
Nierstein Marktplatz ❷
Kanzlereck ❻

Auszeittour 5

Farne und Fossilien
Durch den Stadtwald von Darmstadt

Wir parken auf dem Parkplatz am ehemaligen **Jagdzeughaus** der Landgrafen von Hessen-Darmstadt (1688 erbaut), in dem heute das **Bioversum** ❶ untergebracht ist. Direkt links vom Natursteingebäude beginnt unsere Tour auf einem Weg, der uns zum Backhausteich führt, vor dem wir links über einen Damm zum **Jagdschloss Kranichstein** ❷ fahren. Durch ein Tor in der Mauer gelangen wir zum Jagdschloss, einer der wenigen erhaltenen barocken Jägerhöfe Deutschlands. Hier ist ein Museum untergebracht. Im linken Flügel ist das **Hotel Jagdschloss Kranichstein** ❸ mit Bistro sowie Restaurant und Gastgarten.

Wir fahren weiter entlang der Mauer am **Backhausteich,** hinter der sich der Schlosspark verbirgt. Am Ende der Mauer biegen wir links ab Richtung Messel. Nach Überquerung der Kranichsteiner Straße treffen wir auf die **Galerie der Namensbäume.** Seit 1989 wird jährlich der Baum des Jahres gekürt und auf der linken Wegseite ein Exemplar davon gepflanzt.

Weiter geht es auf dem **R 8** durch den Wald leicht bergab bis zu einem großen Feld am Waldrand. Wir radeln am Feld entlang, bis der Weg wieder in den Wald führt. Links von uns befindet sich die **Kieskaute** hinter einem verfallenen Zaun, ein altes Wort für Kiesgrube. Wir kommen zu einer Bahnlinie und biegen rechts ab **(R 8).** Hier trifft man von links kommend auf unsere Rundtour, wenn man die Tour vom **Bahnhof Kranichstein** beginnt.

Der Weg steigt leicht an, um die Bahngleise auf einer Brücke zu überqueren. Nach knapp 400 Metern

*Deutschland hat mit Hessen an der Spitze weltweit den größten Anteil an Buchenwäldern. Das **Bioversum** will der Öffentlichkeit am Beispiel des Buchenwaldes die Bedeutung der biologischen Vielfalt als Existenzgrundlage allen Lebens näher bringen. Moderne Ausstellung für Jung und Alt.*

Auszeittour 5

halten wir uns rechts. An der nächsten Kreuzung, an der der Radweg **R 8** links abbiegt, fahren wir geradeaus weiter. Dieser Teil des Waldes gehört zum **Naturschutzgebiet Silzwiesen.** Überall stehen uralte, knorrige Eichen. Wir kommen auch an Lichtungen vorbei, bis wir eine Straße erreichen, die das Naturidyll jäh unterbricht. Zuvor müssen wir noch ein mächtiges, hölzernes Wildgatter öffnen und vor allem auch wieder schließen, damit das Wild nicht auf die Straße laufen kann. Die **Kranichsteiner Straße** durchtrennt, wie mit dem Lineal gezogen, auf mehrere Kilometer den Darmstädter Stadtwald gnadenlos und ohne Radweg. Wir müssen nun hier für genau 200 Meter auf der Straße nach links Richtung Nordosten fahren, um dann rechts in einen Forstweg abbiegen zu können.

Nachdem wir die Straße auf den Forstweg verlassen haben, müssen wir ein Wildgatter bedienen. Wir fahren stets geradeaus, bis der Weg durch ein weiteres Wildgatter den Wald verlässt und auf eine Straße trifft. Dort biegen wir rechts ab und befahren dabei den gegenüber verlaufenden Radweg bis zu einem Bahnübergang in **Messel,** vor dem wir auf die rechte

*Damit wir auf der **Kranichsteiner Straße** auf den 200 m nicht durch den schnellen Autoverkehr gefährdet werden, müssen wir warten, bis wir kein Fahrzeug auf der weit einsehbaren Straße von hinten kommen sehen. Dann sind die 200 m zu schaffen, ohne überholt zu werden.*

Wald bei Kranichstein

Durch den Stadtwald von Darmstadt

Für die Seele

Durch märchenhafte Wälder vom Jagdschloss Kranichstein über die UNESCO-Welterbestätte Grube Messel zur Quelle des Jugendstils Mathildenhöhe.

Straßenseite wechseln. Wir folgen immer dem Logo der Grube Messel, einem Fossil, das in die Fahrbahn eingelassen ist und uns den Weg zur Grube Messel zeigt. Ab dem Ortsende führt der Weg wieder neben der Straße durch Wald. Nach etwa 1 Kilometer kommen wir zu einer Abzweigung nach links, die uns nach 500 Metern zum Besucherzentrum der **Grube Messel** ❹ bringt. Hinter dem Parkplatz befindet sich der Eingang in einer Betonwand. Es lohnt sich, die Ausstellung anzuschauen. Im ersten Stock gibt es einen Aussichtspunkt, von dem man in die Grube sehen kann. Es gibt einstündige Führungen im Besucherzentrum und geführte Touren in die Grube. Für das leibliche Wohl sorgt ein Imbiss.

Wir fahren wieder zurück bis an die Straße, von der wir abgebogen sind, und radeln jetzt hier nach links bis zur nächsten Kreuzung, wo wir auf der **Dieburger Straße** nach rechts Richtung Darmstadt fahren. Hier gibt es glücklicherweise einen Radweg auf der gegenüberliegenden Straßenseite, auf dem wir 500 Meter radeln müssen, bis wir links in den Wald abbiegen können. Danach fahren wir am **Schloss Einsiedel** vorbei, ein Bau, den Großherzog Ernst Ludwig 1910 errichten ließ.

Nach dem Bauernhof neben dem Einsiedel biegen wir links auf einen Waldweg ab. Für uns gilt bis auf Weiteres das **rote Quadrat** als Wegmarkierung, der wir bis zur Scheftheimer Eiche folgen. Wir haben bis dorthin eine außergewöhnlich schöne Strecke vor uns, die sich durch wunderschönen Mischwald

Jährlich werden in der **Grube Messel** etwa 3000 Fossilien geborgen, die fast 50 Mio. Jahre im Ölschiefer überdauerten. Dabei handelt es sich um Pflanzen und Skelette von Tieren, die im Vulkansee lebten oder in ihm ertrunken und zu Boden gesunken sind. Die Fundstätte wurde als erstes deutsches Naturdenkmal in die UNESCO-Welterbeliste aufgenommen.

53

Auszeittour 5

schlängelt. Links davon sorgt ein kaum wahrnehmbarer Bachlauf für Lichtungen und Feuchtwiesen.

An einer T-Kreuzung treffen wir auf den Mittelweg, biegen hier rechts und an der nächsten Kreuzung links ab Richtung Darmstadt und Roßdorf. Wir folgen dem Wegverlauf, markiert mit dem roten Quadrat. Links von uns erstreckt sich weiter das Sumpfgebiet. Schließlich kommen wir an eine Weggabelung, an der wir links eine Lichtung mit der **Scheftheimer Eiche** ❺ erkennen, ihr gegenüber steht ein Pavillon für eine Rast.

Wir folgen nun weiter dem Waldweg mit der roten Markierung, die allerdings an der nächsten Ecke nach links führt, während wir geradeaus weiterfahren Richtung Darmstadt und Oberwaldhaus. Am Naturdenkmal **Mornewegeiche** radeln wir weiter geradeaus. An der darauffolgenden Kreuzung biegen wir Richtung Ober-Ramstadt nach links ab. Der Weg führt geradeaus in eine Talsenke. Hier stoppen wir kurz vor einer alten, gemauerten Brücke über den Ruthsenbach. Am **Bernhardsbrunnen,** einer gefassten Quelle aus dem Jahr 1850 direkt unten am Bach, sind wir an einer ganz besonders idyllischen Stelle in dem ohnehin schönen Wald. Auf den Bänken und in einer Schutzhütte kann man sich niederlassen und die Idylle auf sich wirken lassen.

Wir setzen unsere Fahrt fort auf dem Hauptweg, der nun ansteigt. Links im Hintergrund erkennen wir die **Scheftheimer Wiesen.** An der ersten Abzweigung biegen wir rechts ab auf den Scheftheimer Weg. Wir fahren weiter, bis wir das **Oberfeld** ❻ erreichen, eine riesige, landwirtschaftlich genutzte Fläche im Stadtgebiet von Darmstadt, die sich bis zur Rosenhöhe erstreckt. Es geht immer weiter geradeaus, bald sind wir an beiden Seiten von Feldern umgeben. Vor uns erkennen wir schon die typische Silhouette des **Hochzeitsturms auf der Mathildenhöhe.**

Kurz vor dem Ende des Oberfelds treffen wir auf eine Kreuzung an den sog. Saisongärten, die zum **Hof-**

Hochzeitsturm Mathildenhöhe

Löwentor Rosenhöhe

Durch den Stadtwald von Darmstadt

gut Oberfeld gehören, das man über den Abzweig nach links erreicht. Auf dem für Besucher offenem Biohof mit eigener Molkerei und Käserei warten Hofladen und Café.

Wir biegen zur Weiterfahrt rechts ab auf den **Seiterswiesenweg,** am Ende der Gärten an der nächsten Abzweigung links und erreichen über ein Viehgitter eine Obstwiese. Sie ist ein wichtiges Gestaltungselement des Landschaftsgartens Rosenhöhe. An der nächsten Wegkreuzung fahren wir geradeaus weiter und sehen links das **Rosarium** ❼. Es wurde mit seinem **Rosendom** um 1900 von Großherzog Ernst Ludwig angelegt. Am Ende des Rosariums biegen wir rechts ab und kommen zu den Grabstätten und **Mausoleen** der Großherzoglichen Familien. Wir halten uns links, fahren zwischen Gartenhaus und Teehäuschen auf eine Allee zu, über die wir bald durch das beeindruckende **Löwentor** ❽ die Rosenhöhe verlassen.

Auf einem ehemaligen herrschaftlichen Weinberg wurde ab 1810 ein Landschaftsgarten angelegt, die **Rosenhöhe.** *Im Park befinden sich u. a. ein Mausoleum im klassizistischen Stil, das Rosarium, ein Tee- und ein Gartenhaus. Den Zugang bildet seit den 1920er-Jahren das Löwentor, das ursprünglich als Eingangsportal zur Weltausstellung 1914 auf der Mathildenhöhe geschaffen wurde.*

Teehaus und Grabplastik Rosenhöhe

Auszeittour 5

Wir benutzen die gegenüberliegende Brücke, um die Bahnlinie der Odenwaldbahn zu überqueren, fahren hinter ihr rechts und wieder links in den Olbrichweg, der schließlich oben auf der **Mathildenhöhe** ❾ endet. Hier sollten wir die Räder abstellen und uns die russische Kapelle und die Jugendstilbauten anschauen.

Anschließend können wir uns entweder im **Restaurant Shiraz** ❿ oder im **Biergarten Darmstadt** ⓫ unter alten Bäumen in der Nähe stärken oder damit warten, bis wir im **Oberwaldhaus** am **Steinbrücker Teich** ankommen. In jedem Fall müssen wir zurück auf die **Rosenhöhe** fahren. Dort bleiben wir jetzt aber auf dem Hauptweg, der uns am Rosarium vorbei auf die Obst-

Russische Kapelle

Durch den Stadtwald von Darmstadt

Steinbrücker Teich

wiese bringt, auf der wir links abbiegen und die Rosenhöhe verlassen. Unten stoßen wir auf den **Seitersweg** und folgen dem Radwegweiser R 8 nach schräg rechts Richtung Oberwaldhaus. Bald befinden wir uns wieder auf dem Oberfeld und fahren geradeaus in den Wald hinein.

An der ersten Kreuzung biegen wir links ab und folgen dem **R 8**, bis wir zum **Ausflugsrestaurant Oberwaldhaus** ❿ kommen, das es seit 1901 gibt. Der **Steinbrücker Teich** ❸ ist noch wesentlich älter und wurde von Landgraf Georg I. schon im 16. Jahrhundert angelegt. Am Parkplatz überqueren wir die Straße und fahren weiter Richtung Jagdschloss Kranichstein, wobei wir weiter dem **R 8** folgen. Nach etwa 700 Metern erreichen wir eine Mauer am Zeughaus mit dem Bioversum, vor der wir uns links halten und nach wenigen Metern an unserem Parkplatz ankommen.

Alles auf einen Blick

Entspannung ✹✹✹✹✹
Genuss ✹✹✹✹✹
Romantik ✹✹✹✹✹

WIE & WANN:
Empfohlene Jahreszeit: Frühling bis Herbst; meist durch schattigen Wald, vorwiegend auf wassergebundenen Forstwegen, weitgehend autofrei, kurzes Stück Landstraße ohne Fahrradweg, deshalb mit Kindern nicht empfehlenswert

HIN & WEG:
Auto: Parkplatz Geo-Naturpark am Bioversum (GPS: 49.89842, 8.69494)
ÖPNV: Bf. Darmstadt-Kranichstein (RB), 1 Kilometer nach Nordosten an den Bahngleisen entlang zum Tourstart

ESSEN & ENTSPANNEN:
Hotel Jagdschloss Kranichstein ❸ Kranichsteiner Straße 261, 64289 Darmstadt,
Tel. (0 61 51) 13 06 70, www.hotel-jagdschloss-kranichstein.de
Restaurant Shiraz ❿ Dieburger Straße 73, 64287 Darmstadt,
Tel. (0 61 51) 6 01 16 40, www.shiraz-restaurant.de
Biergarten Darmstadt ⓫ Dieburger Straße 97, 64287 Darmstadt,
Tel. (0 61 51) 4 38 55, www.biergarten-darmstadt.com
Café Restaurant Oberwaldhaus ⓬ Dieburger Straße 257, 64287 Darmstadt,
Tel. (0 61 51) 71 22 66, www.restaurant-oberwaldhaus.com

ENTDECKEN & ERLEBEN:
Bioversum ❶ Kranichsteiner Straße 253, 64289 Darmstadt,
Tel. (0 61 51) 97 11 18 88, www.bioversum-kranichstein.de
Museum Jagdschloss Kranichstein ❷ Kranichsteiner Straße 261, 64289 Darmstadt,
Tel. (0 61 51) 97 11 18 88, www.jagdschloss-kranichstein.de
Grube Messel ❹ Roßdörfer Straße 108, 64409 Messel, Tel. (0 61 59) 71 75 90, www.grube-messel.de
Scheftheimer Eiche ❺ **; Oberfeld** ❻
Rosarium Rosenhöhe ❼ 64287 Darmstadt, www.park-rosenhoehe.info
Löwentor ❽ Seitersweg 13, 64287 Darmstadt
Mathildenhöhe ❾ www.mathildenhoehe.eu
Steinbrücker Teich ⓭

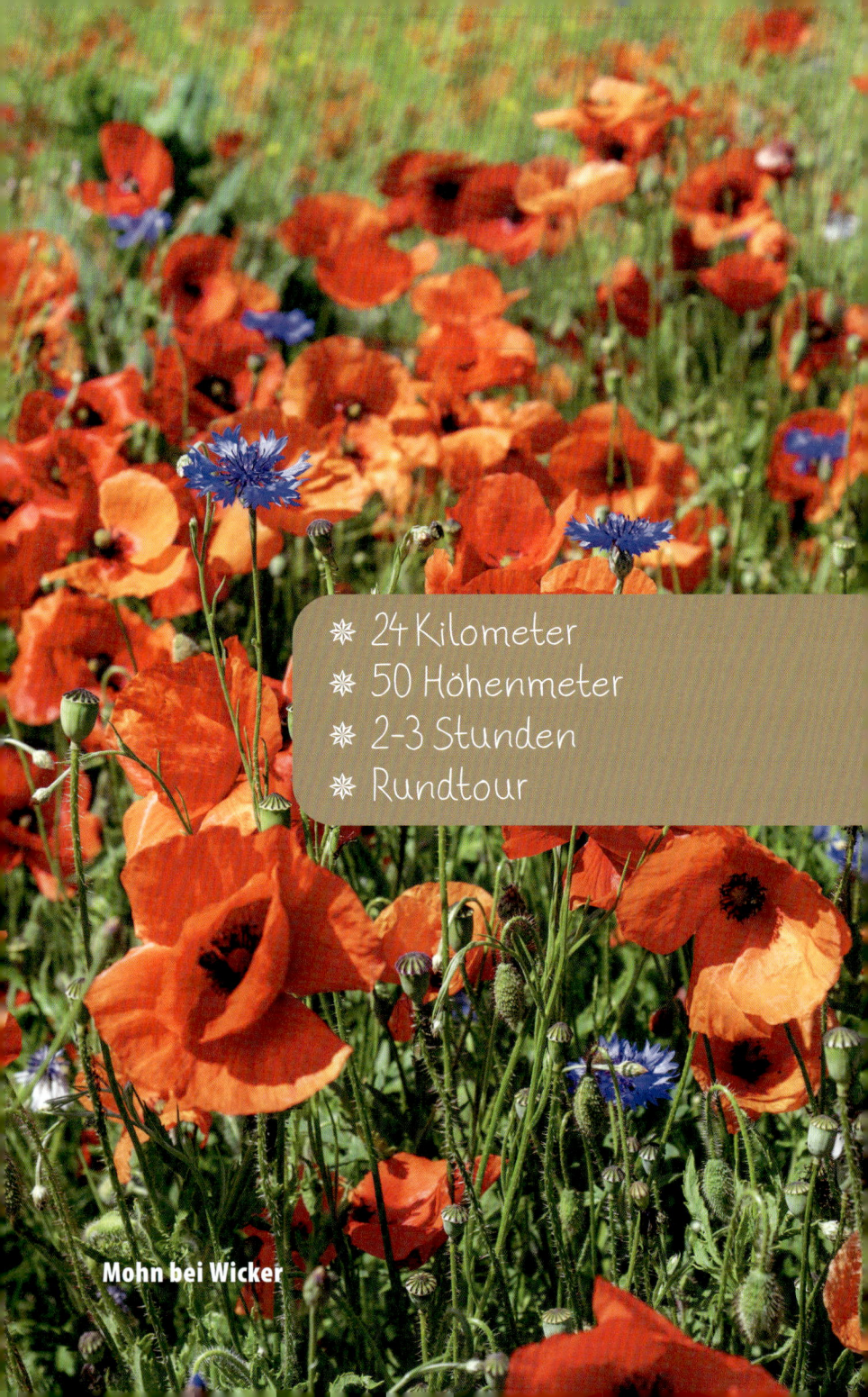

Entschleunigungstour 6

Für diese Tour sollten wir genügend zu trinken dabeihaben, da die Route kaum schattige Abschnitte aufweist und die Einkehrmöglichkeiten eher rar sind. Für ein kleines Picknick und Zwischenstopps wird es reichlich Gelegenheiten geben.

Wir starten vom **P+R-Parkplatz** nach Osten in Richtung Bahnhofsgebäude und nehmen vor dessen Eingang den Zugang zur **Bahnunterführung** für Fußgänger und Radfahrer, um auf die andere Seite der Gleise zu gelangen. Am Ende des Tunnels fahren wir geradeaus in den Mainweg, der wenig später vor den Mainwiesen nach links abknickt.

Wo kurz danach beim **Segelclub** die Straße an der Slipanlage am **Mainufer** endet, fahren wir geradeaus

Natur und Skulpturen
Unterwegs in der Wickerbachaue

auf dem breiten, asphaltierten Weg, der bis auf Weiteres am nördlichen Mainufer entlangführt. Bald tauchen links große Weinberge auf, die noch zum **Rheingau** gehören. Rechts des Wegs begleitet uns das urwüchsige Mainufer mit seinen Bruchweiden, Wiesen und Holunderbüschen, zwischen denen hindurch wir immer wieder den träge dahinfließenden Main sehen.

Nach insgesamt fast 4 Kilometern Fahrt führt der Weg durch ein Industriegebiet. Hier gibt es einen kleinen **Imbisswagen**, der täglich außer samstags geöffnet hat. An einer Kreuzung, wo eine Straße nach links über einen Bahnübergang führt, fahren wir geradeaus, dem Fahrradwegweiser **R 3** folgend. Kurz darauf biegen wir

Hocheim liegt mit seiner malerischen Altstadtkulisse hoch über den Weinbergen am Mainufer. Trotz seiner Lage am Main gehört die Region zum Weinanbaugebiet Rheingau. Die Hochheimer Weine genießen Weltruf. Der Hochheimer Weinbau lässt sich bis ins 14. Jh. zurückverfolgen. Viele Winzer bieten ihre Weine in Gutsausschänken, in Straußwirtschaften auch im Direktverkauf an.

Entschleunigungstour 6

an einer T-Kreuzung vor einer Kläranlage links ab und unterqueren die Bahnlinie. Wir bleiben auf der fast verkehrsfreien Straße, die wenig später unter eine Brücke führt. Den davor rechts abbiegenden Radweg R 3 ignorieren wir. Unmittelbar hinter der Brücke wartet rechts ein Industriedenkmal auf uns. 1998 wurden hier die Reste von alten **Kalkbrennöfen** ❶ vom Anfang des 18. Jahrhunderts freigelegt und konserviert.

Vor der direkt gegenüberliegenden Lkw-Zufahrt zum ehemaligen Steinbruchgelände biegen wir links ab und tauchen bald hinter einer alten Mühle in eine grüne Idylle ein. Die **Obermühle** ist die letzte von einst 20 Mühlen am **Wickerbach.** Der Weg führt nun leicht bergauf durch grünes Dickicht. Nach etwa 150 Metern treffen wir hier unerwartet auf ein ungewöhnliches Denkmal. Ein altes **Steinkreuz** aus dem Jahre 1750 erinnert an die Opfer der Hexenverfolgung vom Anfang des 17. Jahrhunderts.

> Der **Eisenbaum** ist eines der Highlights des Regionalparks. Der 18 m hohe Baum in der Flörsheimer Schweiz ist gleichzeitig eine weithin sichtbare Skulptur aus Stahl und Aussichtsplattform. Grüne Stahlbleche symbolisieren die Blätter des Baums, von dem einige mit Solarzellen beschichtet sind, die den Strom für eine Klanginstallation liefern.

Eisenbaum

Unterwegs in der Wickerbachaue

Wenig später führt der Weg aus dem Dickicht heraus. Wir halten uns an einer Gabelung links, ausgeschildert Richtung Wiesenmühle. Rechts sehen wir die riesige Skulptur Eisenbaum. Bevor wir einen Abstecher dorthin machen, radeln wir auf unserem Weg weiter. Links haben wir gelegentlich einen Blick auf das inzwischen unter uns liegende, romantische Tal des Wickerbachs. Das ausgewiesene Naturschutzgebiet Wickerbachaue gehört zur **Flörsheimer Schweiz**. An der nächsten Kreuzung sehen wir links über dem Tal die **St.-Anna-Kapelle** ❷. Zu ihren Füßen liegt ein Weinberg und an dessen unterem Ende die Wiesenmühle, an der wir später noch auf unserer Rundtour vorbeifahren werden.

Wir radeln die wenigen Meter zum **Eisenbaum** ❸

 ## Für die Seele

Entspannte Tour durch die Rheingauer Weinberge von Hochheim sowie die Flörsheimer Schweiz und das Naturschutzgebiet Wickerbachaue mit den Highlights der Regionalparkroute.

auf dem höchsten Punkt des Hügels. Der kurze Aufstieg zur Aussichtsplattform wird mit einem Ausblick in alle Himmelsrichtungen belohnt.

Wir fahren zurück zur Kapelle und biegen an der Kreuzung rechts ab. Vom **Panoramaweg** haben wir einen schönen Blick nach links auf das Tal. Der Weg taucht nun in einen kleinen Wald mit knorrigen Eichen ein und führt uns langsam bergab ins **Wickerbachtal** mit seinen ausgedehnten Wiesen. Eine kleine Tafel klärt uns über die Flörsheimer Schweiz mit ihren ökologisch besonders sensiblen und artenreichen Landschaftsbereichen auf. Die Mager- und Sandrasenflure beherbergen selten gewordene Pflanzen- und Tierarten.

*Der Wickerbach, der am Rande des Taunus entspringt, durchfließt auf seinen letzten Kilometern das Naturschutzgebiet „Wickerbachaue von Flörsheim und Hochheim" in der **Flörsheimer Schweiz**. Auf dem wasserdurchlässigen Kalkboden mit seinen Magerrasen gedeiht dank des milden Klimas eine Vielzahl seltener geschützter Pflanzenarten.*

Entschleunigungstour 6

Weinberg an der Wiesenmühle

An einer Abzweigung biegen wir links ab Richtung Wickerbachaue. Nach etwa 1 Kilometer kommen wir an eine Kreuzung ohne Wegweiser. Hier entdecken wir an zwei Bänken die **Mühlradskulptur,** eine Gruppe Steine, die durch das hohe Gras schwer zu sehen ist. Wir biegen hier vor der Skulptur links ab und überqueren den Wickerbach. An einer alten Trauerweide biegen wir rechts auf einen betonierten Feldweg ab, der geradeaus an Getreidefeldern vorbeiführt. Nachdem wir das rechts liegende **Weingut Flick** passiert haben, überqueren wir die **B 40** geradeaus und biegen gleich nach dem Reiterhof rechts auf einen asphaltierten Feldweg ab.

Nachdem wir kaum merklich den Wickerbach überquert haben, biegen wir an der nächsten Kreuzung ohne Wegweiser links ab in einen nicht asphaltierten Weg. Vor uns liegen die Auen des Wicker-

Unterwegs in der Wickerbachaue

bachs, durch die uns der Weg führen wird. An einer Kurve steht rechts eine Skulptur in Form einer **Ranklaube,** an der leider nichts wächst, was ihrem Namen Ehre machen könnte. Dafür informiert uns eine Tafel, dass hier einst die Grenze lag, die von 1601 bis 1803 konfessionell unterschiedliche Territorien trennte.

Nach einer Gruppe von ehemals vier Pappeln, die einen steinernen Tisch umgeben, biegen wir links ab und folgen weiter dem Verlauf des Tals. Ab und zu laden Bänke am Wegesrand zu Pausen ein, auf denen wir die Schönheit der Wickerbachaue genießen können. Rechts von uns auf einer Anhöhe liegt das Dörfchen **Massenheim.** Bald erreichen wir eine Straße, die nach rechts in den Ort führt. Wir überqueren sie zunächst, um auf den gegenüberliegenden Fuß- und Radweg zu gelangen, der uns parallel der Fahrbahn leicht ansteigend Richtung Ortsmitte führt. Wir nehmen vor den ersten Häusern die nächste Abbiegung nach links, einen betonierten Feldweg. Plötzlich erkennen wir unterhalb des Weges Schilf. Eine Infotafel erklärt uns, dass es am Talhang Stellen gibt, an denen

Mühlradskulptur

Entschleunigungstour 6

Skulptur „Der Beobachter"

Wasser an die Oberfläche tritt, weshalb dort Schilf wachsen kann. Den sogenannten **Schilfgarten** ❹ können wir sogar über einen schmalen Pfad betreten.

Nach der **Bildhauerwiese,** die allerdings lediglich an einer kleinen Infotafel zu erkennen ist, führt an einer Kreuzung unser Weg links hinunter ins Tal. Auch hier gibt es keinen Wegweiser, lediglich die kleinen Markierungen „Streuobstwiese" und „Regionalpark Volkslauf" zeigen uns den Weg. Nach Erreichen der Talsohle folgen wir dem Weg weiter geradeaus. Es geht wieder leicht bergauf, an einem landwirtschaftlichen Gebäude vorbei bis zu einer Wohnsiedlung, die zu **Delkenheim** gehört. Vor der ersten Reihe Wohnhäuser biegen wir links ab. Hinter dem letzten Wohnhaus biegen wir rechts in einen Feldweg ab, der schnell zu einem schmalen Pfad wird. Dieser

Unterwegs in der Wickerbachaue

führt uns zwischen Wohnhäusern und ihren Vorgärten zur Rechten am links liegenden Golfplatzgelände vorbei. Nach der Einfahrt zum Golfplatz ist der Weg für ein kurzes Stück asphaltiert. Wir fahren entlang der Hecke, die den Golfplatz begrenzt. An einer Abzweigung folgen wir wieder links dem Wegweiser Richtung Hochheim weiter die Hecke entlang.

An der nächsten Wegkreuzung fahren wir schräg nach links eine kleine Anhöhe hinauf und befinden uns auf einem großen Abenteuerspielplatz, dem Spielpark Hochheim. Am Ende des Geländes gabelt sich der Weg, wobei wir uns links halten. Für eine Pause gibt es ein paar Bänke und sogar eine Hängematte. Eine weitere Möglichkeit für ein Päuschen bietet sich an der darauffolgenden Kreuzung, an der wir das Gelände wieder verlassen. Dort steht ein kleiner Pavillon mit Bänken und einem Tisch für eine schattige Rast. Hier beginnt eine Lindenallee, auf die wir fahren. Vor der nächsten Kreuzung mit einer Landstraße wartet das Weingut Petry im Lindenhof ❺ mit seiner Straußwirtschaft auf Gäste.

Wir überqueren zunächst die Landstraße und biegen auf den Radweg auf der gegenüberliegenden Straßenseite links ab und folgen ihm bis zu einer Abzweigung auf einen Radweg nach rechts durch die Wiesen, ausgeschildert mit „Eisenbaum Flörsheim". Jetzt fahren wir auf dem sich schlängelnden Weg, bis wir das Kunstobjekt „Nahtstelle Müll – Fenster zur Deponie" ❻ erreichen. Hierbei handelt es sich um ein nachdenklich stimmendes Kunstwerk mit Blick auf die Wegwerfgesellschaft der frühen Bundesrepublik. Direkt dahinter liegt die Mülldeponie Wicker. Wir folgen dem Weg weiter, während sich links das Biomassekraftwerk ❼ immer mächtiger ins Bild schiebt. Auf der Rückseite befindet sich eine 19 Meter hohe Kletterwand. Das Ganze sieht wie eine gigantische Skulptur aus.

Gleich hinter der Fußgänger- und Radlerbrücke, die über eine Straße führt, erwartet uns die nächste interessante Skulptur. „Der Beobachter" blickt scheinbar

Entschleunigungstour 6

auf das Gewusel an der Kletterwand, wenn sie geöffnet ist. Wir folgen dem Weg weiter und überqueren die nächste Straße geradeaus über eine Verkehrsinsel. Der weitere Weg wirkt zunächst wie ein schmaler Pfad, allerdings nur die ersten paar Meter. An der nächsten Wegkreuzung geht es links und danach sofort rechts. Nun immer dem Wegverlauf unter Beibehaltung der Richtung folgend, erreichen wir unerwartet einen **Bohlenweg.** Der 100 Meter lange Bretterweg wurde angelegt, um die Niederwiesen überqueren zu können und das Biotop zu schonen, den Überschwemmungsbereich des Wickerbachs.

Unmittelbar danach stehen wir vor dem **Gasthof Wiesenmühle** ❽, den wir zuvor von der oberhalb liegenden St. Anna Kapelle gesehen haben. Nach einer Stärkung folgen wir dem Zufahrtsweg zur Mühle, bis dieser über den Mühlgraben rechts abbiegt. Hier plätschert das Wasser über große **Steinstufen** hinunter zum Wickerbach. Kurz dahinter nach einem zweiten Brückchen verlässt unsere Route die Straße nach rechts und führt uns auf offene Felder. Nachdem der Weg rechts abknickt, nehmen wir an der nächsten Kreuzung direkt an einem hölzernen Strommast den Feldweg nach links. Nun biegen wir an der nächsten Möglichkeit wieder links ab Richtung Flörsheim. Dieser Betonweg führt auf eine kleine Anhöhe, wo wir vor einem niedrigen Wäldchen den Weg nach rechts nehmen.

Bald wird das Wäldchen durch einen **Weinberg** linker Hand abgelöst und der Weg stößt auf eine Straße, die wir überqueren müssen. Die Stelle ist etwas unübersichtlich durch eine leichte Kurve. Es ist große Vorsicht geboten, zumal die Autos hier recht schnell fahren. Drüben angekommen, fahren wir die ersten 20 Meter geradeaus, biegen rechts ab und halten uns an der nächsten Gabelung links. Jetzt sind wir praktisch auf der Zielgeraden nach **Hochheim.** Schlagartig hat sich die Szenerie geändert. Vor uns liegt das einmalige **Panorama** mit unendlichen Weinbergen, da-

*Das **Hochheimer Weinfest** findet alljährlich im Juli in den malerischen Gassen Hochheims statt und ist eines der großen und bedeutenden Weinfeste im Rheingau. Die Besucher und Weinfreunde aus der ganzen Region schätzen die gute Qualität der Hochheimer Weine und den prickelnden Sekt. Das Fest ist verbunden mit einem verkaufsoffenen Sonntag.*

Hochheim am Main

hinter der Main, die Weite des Rhein-Main-Gebietes und die markante Hochheimer **Kirche St. Peter und Paul** ❾ direkt vor uns am Horizont. Gut 2 Kilometer steuern wir durch Weinberge direkt auf die Kirche zu, dann stehen wir an ihrem Fuß vor dem Stadttor.

Wenn wir noch Lust und Zeit haben, gehen wir durch das Stadttor, um die malerische **Altstadt von Hochheim** zu erkunden. Hier gibt es viele Möglichkeiten, gut zu essen und leckeren Rheingauer Wein zu trinken. Auch können wir die barocke Kirche von innen anschauen. Ein wunderbarer Ort, um die Tour genussvoll ausklingen zu lassen.

Bis zum Ausgangspunkt sind es nur noch wenige Minuten. Wir fahren von hier über die Bahnhofstraße den Berg hinunter, erreichen schnell die Sandstraße am **Bahnhof,** von der wir rechts abbiegen und zum P+R-Parkplatz kommen.

Alles auf einen Blick

WIE & WANN:
Ganzjährig möglich, empfohlen Frühling bis Herbst; weitgehend autofrei auf Asphalt und großenteils wassergebundenen Wegen; wenig Schatten; Verpflegung und Getränke mitnehmen, kaum Einkehrmöglichkeiten

HIN & WEG:
Auto: P+R-Parkplatz am Bf. Hochheim (GPS: 50.004767, 8.348825)
ÖPNV: Bf. Hochheim (Main) (S 1)

ESSEN & ENTSPANNEN:
Gutsausschank Lindenhof ❺ Massenheimer Landstraße, 65239 Hochheim am Main,
Tel. (0 61 46) 91 55, www.gutsausschank-lindenhof.de
(März–Mai, Sept.–Nov. Fr./Sa. ab 17, So. ab 16 Uhr)
Gasthof Wiesenmühle ❽ Wiesenmühle 11, 65439 Flörsheim am Main,
Tel. (0 61 45) 71 66, www.gasthof-wiesenmuehle.de (Mi.–So. ab 11.30 Uhr)

Entspannung ✦✦✦✦✦
Genuss ✦✦✦✦✦
Romantik ✦✦✦✦✦

ENTDECKEN & ERLEBEN:
Historische Kalkbrennöfen ❶ Am Wickerbach, 65439 Flörsheim
St.-Anna-Kapelle ❷
Eisenbaum ❸ www.regionalpark-rheinmain.de
Schilfgarten ❹
Kunstwerk Nahtstelle Müll / Fenster zur Deponie ❻
Biomassekraftwerk mit Kletterwand ❼ www.deponiepark.de
Kirche St. Peter und Paul ❾ Bahnhofstraße, 65239 Hochheim am Main

Entschleunigungstour 7

Wir verlassen den Bahnhofsvorplatz von **Dieburg** Richtung Westen (also Bahnhof und Gleise rechts von uns) bis zur Querstraße am Bahnübergang, fahren hier links Richtung Stadtmitte, markiert mit RMV 5. An einer Ampelkreuzung radeln wir geradeaus weiter, bis wir die Fußgängerzone erreichen, wo uns Wegweiser nach rechts leiten. Kurz darauf kommen wir zu dem netten **Marktplatz,** der mit mehreren Lokalen recht belebt wirkt. Am Eck sehen wir eine Metzgerei mit Imbiss. An ihr vorbei verlassen wir den Marktplatz und sehen vor der Brücke links das **italienische Lokal L'Arte della Padella** , bei dem man ganz malerisch im kleinen, schattigen Garten direkt am Bachlauf der Gersprenz sitzen kann.

> Wer die **Ortsmitte von Dieburg** lieber umfahren möchte, fährt vom Bahnhof kommend geradeaus (Schilder Richtung Langen und Messel) über den kleinen P+R-Parkplatz. Hier beginnt der Bahntrassenradweg, auf dem die Tour nach etwa 3 Kilometern fortgesetzt wird.

Märchenhafte Runde
Idylle nördlich des Odenwalds

Nach der Brücke fahren wir direkt auf das **Albini-Schloss** zu, in dem heute die Kreisverwaltung residiert. Mehrere Gebäude befinden sich auf dem Gelände der geschleiften mittelalterlichen Burganlage, die von einem Wassergraben umgeben war, den wir heute noch sehen können und auch gleich mit den Rädern überqueren werden. Dazu fahren wir schräg links durch den Hof des Gebäudekomplexes und folgen den Radwegweisern Richtung Darmstadt und Roßdorf.

An zwei Schulen vorbei erreichen wir eine rot gepflasterte Wohnstraße. Genau da, wo das rote Pflaster endet, biegen wir links ab auf den **Bahntrassenradweg** Richtung Roßdorf und Groß-Zimmern auf der

Entschleunigungstour 7

Trasse der stillgelegten Rodgaubahn. Der Weg führt, idyllisch von Hecken eingerahmt, durch das Stadtgebiet von Dieburg. Es geht 2 Kilometer geradeaus über mehrere Kreuzungen bis an den Ortsrand von Groß-Zimmern, wo der Radweg in eine Straße übergeht. Wir fahren einen weiteren Kilometer geradeaus durch **Groß-Zimmern** bis zu einer Ampel. Wir überqueren die Straße und folgen dem Weg durch bzw. am rechten Rand der lang gezogenen **Grünanlage** bis zu einer Straße. Wir fahren links, überqueren gleich darauf die Reinheimer Straße und radeln Richtung Reinheim und Fischbachtal (RMV 5). Die Straße macht einen Bogen nach rechts. Am Ende der Kurve bei einem Seniorenwohnheim führt ein schmaler,

Marktplatz Dieburg

Idylle nördlich des Odenwalds

unscheinbarer Weg nach links, den wir nehmen müssen. Nach Überquerung einer Wohnstraße biegen wir am nächsten Weg rechts ab.

Wir verlassen das bebaute Gebiet und radeln 2 Kilometer ganz leicht ansteigend über Felder Richtung Süden, die Ausläufer des Odenwalds vor uns, bis wir direkt auf das Naturschutzgebiet **Reinheimer Teich** ❷ stoßen. Vor uns liegt ein Meer von Schilf mit einigen offenen Wasserflächen, Feuchtwiesen und extensiven Weideflächen auf einer Gesamtfläche von etwa 75 Hektar. Wir fahren vor dem Naturschutzgebiet nach links und kommen bald an einen offen zugänglichen See. Hier machen wir Pause und beobachten die vielen Vögel, wie sie vom Wasser starten, ihre Runden drehen und wieder landen.

Für die Seele

Märchenhafte Rundtour mit malerischen Städtchen, Schlössern, Wassermühlen und Märchenwäldern.

Wir folgen dem Weg entlang des Wassers und erreichen eine Landstraße, an der wir auf dem Radweg rechts fahren. An einer Radwegkreuzung bleiben wir auf dem Radweg entlang der Straße und fahren an dem imposanten Gehöft **Tannenmühle** vorbei. Die Straße steigt leicht an, bis wir die Kuppe erreichen und von dort einen fantastischen Blick auf die Landschaft und den **Otzberg** haben. Am Ortsanfang von **Habitzheim** treffen wir auf eine Vorfahrtsstraße, auf die wir ohne Radweg nach rechts abbiegen und hinunter bis in das Ortszentrum fahren. An der Kirche folgen wir der Vorfahrtstraße nach links. Kurz bevor die Hauptstraße leicht bergan führt, biegen wir nach links ab in die Falltorgasse (Richtung Dieburg und Semd).

Habitzheim

Idylle nördlich des Odenwalds

Die Straße geht bald in einen nicht asphaltierten Feldweg über und führt durch herrliche Landschaft mit Feldern, saftig grünen Wiesen und einen mit Bäumen gesäumten Bachlauf. Kurz vor **Semd** biegen wir rechts ab und kurz danach zweimal links und fahren somit weiter auf den Ort zu, erreichen ihn wenig später und stoßen in Semd auf eine T-Kreuzung. Dort biegen wir nicht dem Radwegweiser folgend nach links ab, sondern nach rechts und fahren die Straße hinauf bis an den Feldrand. Wir biegen hier links auf einen Feldweg ab und an der nächsten Möglichkeit wieder rechts und radeln auf einem asphaltierten Feldweg auf **Groß-Umstadt** zu.

Wir erreichen die Stadt hinter der Umfahrungsstraße **B 45** und treffen auf eine Vorfahrtstraße, auf die wir nach schräg links abbiegen und der wir bis zum Zentrum folgen. Gute 100 Meter nach dem Bahnübergang erreichen wir einen Platz mit dem **Eiscafé Tivoli** ❸. Wir fahren noch ein Stück weiter die Obergasse hinunter und sehen dort, wo sie links abknickt, die Genossenschaftskellerei **Vinum Autmundis** ❹. Für Weinfreunde eine absolute Empfehlung.

Wir folgen der Obergasse nach links bis zur Durchgangsstraße, biegen rechts und gleich wieder links ab. Am Eck steht ein schönes Fachwerkhaus mit dem bekannten Restaurant **Weinstube Brücke-Ohl** ❺. Der weitere Verlauf der Straße bringt uns zum Marktplatz mit dem prächtigen **Renaissance-Rathaus** ❻. Spätestens hier sollten wir uns in einem der Lokale auf dem Platz niederlassen, um das historische Panorama zu genießen.

Wir setzen die Fahrt fort in derselben Richtung, also links am **Rathaus** vorbei und am Ende der Straße nach links, fahren durch die Schulstraße bis zur Einmündung in die Realschulstraße, dort nach rechts auf den kombinierten Fuß- und Radweg. Wir radeln nun stets geradeaus. Gut 300 Meter nach dem Kreisverkehr dürfen wir kurz vor einem Wohnhochhaus die Abzweigung nach rechts nicht verpassen. Ein schma-

In Groß-Umstadt sollte man unbedingt die lokalen Weine probieren. In dem winzigen Weinbaugebiet wachsen zahlreiche verschiedene Rebsorten, aus denen hervorragende Weine gekeltert werden. Eine Verkostung in der Winzergenossenschaft oder bei einem der Winzer ist auf jeden Fall lohnenswert.

Im Eingangsbereich des Rathauses liegen Flyer aus, von denen man sich durch die Altstadt führen lassen kann. An 21 historischen Gebäuden sind Tafeln angebracht, die Interessantes erzählen. Auch durch die schönen Weinberge gibt es einen einen Lehrpfad mit 24 Tafeln, wofür man sicher etwas mehr Zeit mitbringen muss.

Idylle nördlich des Odenwalds

ler Weg führt hier über eine kleine **Brücke** direkt neben der Straße. Die Wegweiser RMV 5 und Babenhausen (unser nächstes Ziel) sind möglicherweise von Ästen verdeckt. Hinter der Brücke biegen wir gleich wieder links ab und fahren an einem Spielplatz vorbei hinaus auf Felder. Später halten wir uns zweimal rechts, überqueren eine kleine Nebenstraße und kurz dahinter eine Landstraße an einer Ampel. Hinter ihr biegen wir links auf den Radweg ab. Ihm folgen wir bis hinter **Klein-Umstadt,** wo wir an einer Gabelung nach rechts Richtung **Kleestadt** (RMV 5), dem nächsten Örtchen, fahren. Wir bleiben auf der Durchgangsstraße, bis wir am Ortsende hinter einer Linkskurve vor dem Anstieg der Straße links und sofort wieder rechts in einen dicht mit Grün bewachsenen Weg abbiegen.

Zunächst führt der schmale Weg durch üppiges Dickicht, aber bald durch einen romantischen **Wald** mit vielen Eichen, immer nahe am Waldrand entlang. Im weiteren Verlauf wird aus dem Pfad ein Forstweg, der tiefer in den Wald hineinführt. Er leitet uns recht lange geradeaus durch den Mischwald mit seinen vielen unterschiedlichen Grüntönen bis zu einem Sportplatz, an dem wir links vorbeifahren müssen, ohne die Richtung zu ändern. Wir sind nun in **Langstadt,** wo wir an der Feuerwehr weiter geradeaus Richtung Babenhausen fahren. An einer T-Kreuzung treffen wir auf die Hauptstraße, wo wir rechts und sofort wieder links in einen gepflasterten Weg biegen. Wir nehmen die nächste Möglichkeit links, danach rechts und vor einem Feld wieder links. Am Ende des Feldes treffen wir auf die Kleestädter Straße, der wir auf einem Radweg auf der gegenüberliegenden Seite nach rechts bis **Babenhausen** folgen. Der Weg führt stets entlang der Landstraße, zunächst über Felder, dann durch einen Wald.

Am Waldende erreichen wir die Ausläufer von **Babenhausen** und das Ende des Weges. Wir müssen die Fahrt auf der Straße fortsetzen. Nach dem Kreisverkehr nehmen wir die erste Straße rechts Richtung Babenhausen Altstadt. Schließlich müssen wir vor

Entschleunigungstour 7

Tipp für **Wohnmobilfahrer:** *Hinter der Stadtmühle in Babenhausen liegt direkt am Wasser ein idyllischer und ruhiger kleiner Stellplatz, von dem aus man wunderbar die Tour beginnen kann. Der malerische Ort bietet einige schöne Einkehrmöglichkeiten.*

einem Sportplatz links abbiegen und stoßen auf die breite B 26, die wir über eine Ampelanlage überqueren. Die dahinterliegende Unterführung nutzen wir, um auf die andere Seite der Bahnlinie zu kommen. Dort fahren wir rechts und an der nächsten Möglichkeit wieder links und geradeaus (hier nicht rechts dem Wegweiser folgen) auf das Schloss zu, das für die Öffentlichkeit leider nicht zugänglich ist. Hinter der Brücke über den Ohlebach fahren wir rechts. Wir treffen auf eine Straße, auf die wir links abbiegen. Nach der Brücke über die Gersprenz radeln wir geradeaus direkt in die Altstadt von Babenhausen ❼.

Hier sollten wir mit den Rädern oder zu Fuß eine Runde durch die Altstadtgassen machen. Zunächst treffen wir auf den Marktplatz mit der evangelischen Kirche mit sehenswertem Schnitzaltar, dem Rathaus und dem Hotel Schwartzer Löwe ❽. An der nächsten Ecke gegenüber Antjes Pfannkuchenhaus ❾ biegen wir links in die malerische Amtsgasse. In einem besonders schönen, restaurierten Hof aus dem 16. Jahrhundert ist das Territorialmuseum untergebracht. Auch wenn unsere Tour weiter durch die Amtsgasse aus der Altstadt hinausführt, sollten wir noch einen Abstecher nach links zum Hexenturm ❿ machen. Ein Stückchen weiter hinter einer Mauer befindet sich die Stadtmühle ⓫ am rauschenden Mühlbach. Wenn man die alte Brücke, von der man schön auf die Mühle schauen kann, nicht überquert, erreicht man geradeaus wieder den Marktplatz.

Wir verlassen den Altstadtkern von Babenhausen auf der Amtsgasse Richtung Dieburg (R 4 und RMV 5). An der nächsten Kreuzung biegen wir links ab (R 4) und fahren über ein schmales Sträßchen durch ländliche Idylle bis zu einer T-Kreuzung, an der wir links abbiegen. Hier fahren wir auf einer kleinen Brücke über einen Kanal an der Kornfurter Mühle und kurz darauf über die Gersprenz. Wenige Meter weiter radeln wir erneut über Wasser, den Ohlebach. Wir kommen an eine Kreuzung vor einem Bahnübergang, wo wir

Hexenturm Babenhausen

rechts weiter Richtung Dieburg radeln. Wir erreichen das Örtchen **Sickenhofen,** wo wir dem R 4 folgen, indem wir zunächst rechts und die nächste Straße an der Volksbank links abbiegen. Nach 200 Metern geht es an einer Gabelung rechts über eine Brücke. Wir nehmen die nächste Abzweigung rechts und biegen nach 150 Metern vor einer Straße auf den Radweg nach links ab.

Entschleunigungstour 7

Kurz vor **Hergershausen** kommen wir an einem Betrieb vorbei, der auf riesigen Flächen in einem Meer von Farben Topfpflanzen en gros produziert. Im Ort biegen wir an der ersten Kreuzung rechts ab auf den RMV 5 Richtung Urberach und Eppertshausen. Wir fahren auf der Dorfstraße bis an ihr Ende, um hinter einer Brücke über einen Graben links abzubiegen. Bald treffen wir auf eine Landstraße. Wir überqueren sie und radeln auf dem gegenüber verlaufenden Radweg nach rechts. Vor uns sehen wir schon den **Landgasthof Langfeldsmühle** ⓬, ein Fachwerkbau, an dem sich ein eingehaustes Wasserrad dreht. Das besondere Ambiente der geschlossenen Hofreite mit Landgasthof und Biergarten lädt zu einer kleinen Auszeit ein.

Wir setzen unsere Fahrt fort, indem wir auf dem Weg weiter über die kanalisierte **Gersprenz** fahren. An der nächsten Möglichkeit biegen wir links ab und radeln auf einem Feldweg geradeaus auf die Felder, vorbei an einem Angelteich, und sehen nun eine weite,

An der Gersprenz

Idylle nördlich des Odenwalds

flache Landschaft mit saftig grünen Wiesen, langen Baumreihen und Wäldern vor uns. Nach einem großen Bogen um eine Feuchtwiese führt der Weg entlang der schon in den 1930er-Jahren kanalisierten Gersprenz. Der Verlauf ist gut an der langen Reihe riesiger Pappeln zu erkennen. An einigen – zu wenigen – Stellen wurde der Bach inzwischen renaturiert, hier darf er sich wieder um ein paar Kurven schlängeln.

Am Rande von **Münster** fahren wir weiter geradeaus zwischen Stadion und Bachlauf. Kurz danach müssen wir die Seite wechseln und am anderen Ufer weiterradeln. Hier erreichen wir am natürlichen Bachufer eine Bank und eine Infotafel zur **Renaturierung** der Gersprenz. Den positiven Effekt der Maßnahmen sehen wir hier direkt vor uns.

Weiter geht es entlang des Bachs, auch nach der Überquerung der Frankfurter Straße, wo das Ufer nun romantisch dicht bewachsen ist. Bald darauf mündet der Weg in die Dammstraße, der wir bis an eine T-Kreuzung bei einem Bahnübergang folgen, dort links und sofort danach wieder rechts abbiegen, am Bahnhof vorbeikommen und nach einer Linkskurve rechts in die Mozartstraße einbiegen Richtung Dieburg. Der Straße folgen wir bis an das Ortsende, wo sie einen Bahnübergang überquert, hinter dem wir sofort links auf einen Feldweg abbiegen.

Parallel zur Bahnlinie unterqueren wir die **B 45**, fahren dahinter gleich rechts und folgen dem Verlauf des betonierten Feldweges, biegen nochmals an einer T-Kreuzung links ab und radeln weiter durch das grüne **Gersprenztal** mit kleinen Feldern und Bäumen. Hinter einem Reiterhof entdecken wir rechts einen Wegweiser, der uns zum Biergarten am **Landgasthof Mörsmühle** ⓭ einlädt. Die Mühle liegt lediglich 250 Meter entfernt idyllisch auf einer Insel. Ein perfektes Plätzchen für eine weitere Auszeit kurz vor dem Ziel.

Nun sind es nur noch wenige Hundert Meter, bis wir die Bahngleise am **Dieburger Bahnhof** überqueren und somit unseren Ausgangspunkt erreicht haben.

Alles auf einen Blick

WIE & WANN:
Empfohlene Jahreszeit: Frühling bis Herbst; weitgehend autofrei auf asphaltierten und befestigten Wegen

HIN & WEG:
Auto: Parkplatz am Bf. Dieburg (GPS: 49.903320, 8.841136) und kleiner Parkplatz beim Bahnübergang auf der anderen Gleisseite (GPS: 49.904034, 8.839265)
ÖPNV: Bf. Dieburg (RB)

ESSEN & ENTSPANNEN:
Restaurant L'Arte della Padella ❶ Markt 22, 64807 Dieburg,
Tel. (0 60 71) 9 84 81 01, ristorante-padella.de
Eiscafé Tivoli ❸ Carlo-Mierendorff-Straße 16, 64823 Groß-Umstadt,
Tel. (0 60 78) 82 81, www.eis-cafe-tivoli.de

Entspannung ✦✦✦✦✦
Genuss ✦✦✦✦✦
Romantik ✦✦✦✦✦

Restaurant Weinstube Brücke-Ohl ❺ Georg-August-Zinn-Straße 23, 64823 Groß-Umstadt,
Tel. (0 60 78) 7 33 84, www.restaurant-weinstube-bruecke-ohl.de
Hotel Schwartzer Löwe ❽ Fahrstraße 17, 64832 Babenhausen,
Tel. (0 60 73) 7 44 81 10, www.hotel-schwartzer-loewe.de
Frau Antjes Café und Pfannkuchenhaus ❾ Fahrstraße 39, 64832 Babenhausen,
Tel. (0 60 73) 7 47 75 84, www.frau-antjes.de
Landgasthof Langfeldsmühle ⓬ An der Langfeldsmühle, 64832 Babenhausen,
Tel. (01 70) 9 05 50 50, www.langfeldsmuehle.de
Landgasthof Mörsmühle ⓭ Urbacher Weg 23, 64807 Dieburg,
Tel. (0 60 71) 17 85, www.landgasthof-moersmuehle.de (Di.–Fr. ab 15 u. So. ab 11 Uhr)

ENTDECKEN & ERLEBEN:
Reinheimer Teich ❷ Vinum Autmundis ❹ Riegelgartenweg 1, 64823 Groß-Umstadt,
Tel. (0 60 78) 23 49, www.vinum-autmundis.de
Renaissance-Rathaus ❻ Markt 1, 64823 Groß-Umstadt; Altstadt Babenhausen ❼
Hexenturm Babenhausen ❿ Stadtmühle Babenhausen ⓫

Nidda und Klosterkirche Ilbenstadt

- 28 Kilometer
- 85 Höhenmeter
- 3 Stunden
- Rundtour

Entschleunigungstour 8

Wir parken in der **Kastanienallee** und fahren mit den Rädern bis zum Bahnhof. Der **Bahnhof Assenheim** ist schon etwas Besonderes heutzutage. Reisende betreten hier ein Bahnhofsgebäude, um eine Fahrkarte zu kaufen, wenn auch am Automaten, und um zum Bahnsteig zu gelangen.

Wir fahren vom Bahnhof die **Bahnhofstraße** hinunter bis zur Kreuzung, wo wir auf eine Vorfahrtstraße treffen. Links befindet sich das **Eiscafé Monti** ❶. Wir radeln geradeaus weiter und erreichen nach 100 Metern die Niddabrücke. Am gegenüberliegenden Flussufer im Bürgerhaus befindet sich das **Restaurant Roma II** ❷, wo wir am Ende der Tour einkehren können. Wir fahren vor der Brücke rechts auf den **Nidda-Radweg**

Wohltuende Ruhe
In der Abgeschiedenheit der Wetterau

Richtung Ilbenstadt (R 4). Nach gut 300 Metern müssen wir rechts abbiegen, worauf wir gleich eine Straße und eine Brücke über die Wetter erreichen. Wir fahren zweimal links, biegen also nach der Brücke wieder links ab auf den Radweg und erreichen nach 150 Metern die Einmündung der Wetter in die Nidda. An einigen Stellen wurde die Uferbefestigung, die in vergangenen Zeiten aus dem Fluss einen Kanal gemacht hat, zurückgebaut, um neue Lebensräume für Tiere und Pflanzen zu schaffen. Hier gluckst und sprudelt das Wasser, anstatt nur schnellstmöglich durchgeschleust zu werden, und das Ufer formt sich ganz natürlich.

Kurz vor einer Straßenbrücke über die Nidda

Entschleunigungstour 8

> Das **Kloster Ilbenstadt** ist ein ehemaliges Prämonstratenser Chorherrenstift. Mit dem Bau der romanischen Basilika und des Klosters wurde 1122 begonnen. Im 17. Jh. wurden die alten Klostergebäude durch Barockbauten ersetzt. Im Zuge der Barockisierung erhielt die Kirche die bis heute existierende Orgel von Johann Onimus aus Mainz.

müssen wir rechts (R 4) und an der nächsten Straße links abbiegen. Wir fahren zwischen zwei Supermärkten hindurch, überqueren die folgende Kreuzung mit Ampelanlage geradeaus und nehmen den nächsten Weg links zum Nidda-Ufer. Wir verlassen das Stadtgebiet und radeln, von ebenen Feldern umgeben, die Nidda entlang bis Ilbenstadt. Auch hier gibt es immer wieder renaturierte Flussabschnitte. In der Ferne links vor uns erkennen wir schon die Silhouette von **Kloster Ilbenstadt** ❸, das auf einem Hügel in der Ebene thront, den Dom der Wetterau.

Über die nächste Brücke fahren wir nach **Ilbenstadt,** um die Klosterkirche zu besichtigen, eine der ältesten und bedeutendsten romanischen Kirchen in Hessen. Wer das nicht möchte, fährt einfach am Nidda-Ufer

Kloster Ilbenstadt

In der Abgeschiedenheit der Wetterau

weiter. Wir radeln nun über die schnurgerade und öde Durchgangstraße in Ilbenstadt, um nach fast 400 Metern links in die Mühlgasse abzubiegen, zu erkennen an zwei Platanen an der Einmündung. Wenn wir uns danach sofort rechts halten und die Schlossgasse hinauffahren, erreichen wir das Tor zum Klostergelände, das noch auf seine Wiederentdeckung wartet, und finden die Abteikirche neben dem weißen Konventgebäude. Wir stellen die Räder vor der Klosterkirche ab, um sie zu besichtigen.

Leider mangelt es hier oben an Gastronomie, sodass wir nach der Besichtigung auf demselben Weg die Rückfahrt antreten bis zum **Nidda-Radweg.** Wir radeln weiter an der Nidda entlang, bis wir nach 2,3 Kilometern zu einer schmalen Brücke kommen, die die

Für die Seele

Wo kann man besser entschleunigen als hier, in dieser ländlichen Idylle ohne Städte, Industrie, Autobahnen und Fluglärm?

Nidda überquert. Während nach rechts Wöllstadt ausgeschildert ist, fehlt jede Wegweisung nach links über die Brücke. Wir nehmen den Weg trotzdem und sehen links in der Ferne wieder den Dom der Wetterau. Wenig später kommen wir zu einem leicht erhöhten **Rastplatz** ❹ links des Weges mit Bänken, die uns für eine Pause und zum Auspacken der Brote genau recht sind. Wir schauen uns um und stellen fest, von sumpfigen Wiesen umgeben zu sein, wo die Frösche quaken.

Wir setzen unsere Fahrt fort, kommen an einem Spargelfeld vorbei und biegen am ersten Weg rechts ab. Kurz danach passieren wir den Hof der Spargel- und Erdbeerbauernfamilie Bär mit eigenem **Hofladen.**

*Bereits in den 20er-Jahren und später in den 60er-Jahren des 20. Jh. ereilte die **Nidda** das Schicksal der Kanalisierung. Nach und nach versucht man an einigen Stellen, dem Fluss wieder ein natürliches Bett zu geben, in dem sich die Ufer natürlich bilden, die Tieren und Pflanzen neuen Lebensraum geben. Im Auenprojekt entstand sogar wieder Grünland mit Schilf, das regelmäßig bei Hochwasser geflutet wird.*

Entschleunigungstour 8

Nidda Radweg

*Das von Hohen Bäumen umgebene Freigericht Kaichen, auch **Steinerner Tisch** genannt, diente bis ins 18. Jh. als Gerichtsstätte, in der schwere Verbrechen verhandelt wurden, die mit dem Tode bestraft wurden. Die Urteile wurden im nahegelegenen Galgengrund (Galgenfeld) vollstreckt.*

An der nächsten Wegkreuzung fahren wir links nach Burg-Gräfenrode. Hinter dem ersten Haus biegen wir rechts ab und bei der nächsten Straße links. Ab hier radeln wir geradeaus und verlassen das Dorf Richtung Kaichen auf einem befestigten Feldweg, stetig leicht ansteigend. Am höchsten Punkt staunen wir nicht schlecht, wie sich die Szenerie hier vor uns schlagartig verändert. Vor uns im Tal liegt das kleine Dörfchen **Kaichen** vor bewaldeten Hügeln, im Hintergrund sind die Ausläufer des Vogelsbergs zu erkennen.

Nun können wir uns bergab rollen lassen. Vor Kaichen macht der betonierte Weg eine Rechtskurve, der wir bis zu einer Kreuzung mit Kopfsteinpflaster folgen. Die gepflasterte Straße führt links hinunter in das nette, verträumte Dorf. Wir radeln aber geradeaus weiter einen Hügel hinauf, halten uns an der ersten Gabelung links auf dem tunnelartig bewachsenen Weg und biegen oben an der ersten Möglichkeit links ab. Unmittelbar vor der Bundesstraße 45 befindet sich links unter drei uralten, mächtigen Bäumen der **Stei-**

Freigericht Steinerner Tisch

Hainmühle im Krebsbachtal

In der Abgeschiedenheit der Wetterau

nerne Tisch ❺. Der Tisch wurde nicht für Wanderer und Radler errichtet, sondern war eine Gerichtsstätte des Freigerichts in Kaichen.

Zur Fortsetzung unserer Tour überqueren wir die Straße geradeaus Richtung Krebsbachtal. Vor uns sehen wir einen bewaldeten Hügel, den wir auf der linken Seite umrunden werden. Wir folgen dem Weg mit zwei Schlenkern bergab, bis wir schließlich eine Bahnlinie unterqueren. Vor uns liegt das märchenhafte **Krebsbachtal** mit saftig grünen Wiesen, einer Mühle aus Fachwerk, erstmalig 1638 erwähnt, vor dem bewaldeten Berg. Unmittelbar vor dem Mühlenensemble taucht der Weg links in den Wald ein. Kurz darauf treffen wir auf eine Gabelung, an der unser Weg links als romantischer Pfad entlang des Baches weiterführt, gesäumt von knorrigen Weißbuchen. Diesem Traumpfad dürfen wir 2 Kilometer folgen, bis wir auf einen Waldweg stoßen, der von rechts oben kommt. Kurz darauf erreichen wir das Dörfchen **Erbstadt,** wo wir auf die Hauptstraße stoßen. Hier halten wir uns rechts und kommen schnell wieder an das Ortsende, wo wir in einer Rechtskurve links auf einen asphaltierten Feldweg abbiegen. Links von uns liegt ein bewaldeter Steilhang über dem Krebsbach. An der folgenden T-Kreuzung fahren wir links hinunter in die Senke und dort rechts weiter durch das einsame Tal.

Nach 1 Kilometer biegen wir auf einen asphaltierten Weg links ab, dessen Belag bald in Kopfsteinpflaster wechselt, was für einen Feldweg in unserer Region recht ungewöhnlich ist. An der nächsten Kreuzung biegen wir kurz nach links ab und an der folgenden Kreuzung sofort wieder rechts und nach 80 Metern schräg links in den Wald hinein. Auf diesem Weg bleiben wir 1 Kilometer, um an einer Kreuzung mitten im Wald links abzubiegen (grünes Kreuz). Vor uns am scheinbaren Wegende sehen wir ein Fachwerkhaus wie ein Hexenhäuschen.

Wenig später überqueren wir eine Straße und bald danach halten wir uns auf dem Hauptweg mit dem

Entschleunigungstour 8

grünen Kreuz leicht rechts. Es geht bergab durch einen schönen Buchenmischwald. Unten im Tal kommen wir an einem weiteren Hexenhäuschen vorbei und fahren an der folgenden Kreuzung geradeaus weiter. Unser Waldweg endet schließlich vor einer großen Wiese, wo wir rechts abbiegen. Von hier sind es noch 400 Meter, bis die gotische **Sternbacher Kirche** 6 aus dem dunklen Wald auftaucht wie eine Fata Morgana. Einst befand sich hier die Gemeinde Sternbach, die bereits 778 erstmalig urkundlich erwähnt worden war. Die Bewohner litten zu sehr unter den Abgaben an das Kloster Arnsburg und verließen den Ort nach und nach im 16. Jahrhundert. Im 30-jährigen Krieg wurde der Ort niedergebrannt bis auf die Pfarrkirche St. Gangolf, die heute als Wallfahrtskirche Maria Sternbach (auch Sternbacher Kirche) genutzt wird.

Schließlich fahren wir das letzte Stück zurück und folgen dem Weg am Waldrand, wobei wir uns stets leicht rechts halten. Wir lassen den Wald hinter uns und fahren über einen asphaltierten Weg auf das **Hofgut Wickstadt** zu. Unmittelbar vor einer Brücke biegen wir links ab auf den Radweg **R 4,** der uns entlang der **Nidda** nach Assenheim zurückbringen wird.

An einem Linksabzweig zum Mühlbach beginnt ein Planetenweg entlang des Nidda-Radwegs. Kurz vor **Assenheim** überspannt ein riesiger **Eisenbahnviadukt** 7 das Niddatal. Unmittelbar hinter der Brücke überqueren wir nach rechts die Nidda und biegen am Ende der Brücke links ab, um die Fahrt am Ufer fortzusetzen. Links von uns können wir bald hinter hohen Bäumen das **Schloss Assenheim** 8 erahnen. Mehr als eine Ahnung können wir nicht bekommen, weil das Schloss privat und nicht zu besichtigen ist. Stattdessen fahren wir am Fluss weiter. Wir erreichen die Straßenbrücke, an der wir gestartet sind. Hier biegen wir entweder links zum **Roma II** oder rechts ab, um über die Bahnhofstraße beim **Eiscafé Monti** vorbeizuschauen oder direkt zum Bahnhof hinaufzufahren, womit wir am Ziel angekommen sind.

Wallfahrtskirche Sternbach

Alles auf einen Blick

WIE & WANN:
Empfohlene Jahreszeit: Frühling bis Herbst; bis auf Ilbenstadt weitgehend autofrei; auf asphaltierten und befestigten Wegen; keine Einkehrmöglichkeiten unterwegs

HIN & WEG:
Auto: Parken in der Kastanienallee am Bf. in Niddatal-Assenheim (GPS: 50.304224, 8.814036)
ÖPNV: Bf. Assenheim (Oberhessen) (RB)

ESSEN & ENTSPANNEN:
Eiscafé Monti ❶ Dorn-Assenheimer-Straße 2, 61194 Niddatal
Restaurant Roma II ❷ Hauptstraße 2, 61194 Niddatal,
Tel. (0 60 34) 9 02 29 75, www.roma-niddatal.de

ENTDECKEN & ERLEBEN:
Kloster Ilbenstadt ❸ Im Kloster, 61194 Niddatal

Entspannung ✦✦✦✦✦
Genuss ✦✦✦✦✦
Romantik ✦✦✦✦✦

Rastplatz ❹ im Naturschutzgebiet
Steinerner Tisch ❺
Sternbacher Kirche ❻
Eisenbahnviadukt ❼
Schloss Assenheim ❽

Burgruine Münzenberg

✱ 30 Kilometer
✱ 110 Höhenmeter
✱ 3 Stunden
✱ Rundtour

Entschleunigungstour 9

Wir starten am Parkplatz P 4 in **Bad Nauheim** gegenüber dem Kurpark am Großen Teich Richtung Norden, sodass Park und Teich links von uns liegen. Am Ende des Parkplatzes stoßen wir auf die Frankfurter Straße, die wir am Fußgängerübergang überqueren, und fahren die Steinfurther Straße hoch. Nach 500 Metern biegt der Radweg von der Straße rechts ab über Bahngleise und zweigt danach nach links. Er führt kurz danach an der Landstraße geradeaus nach Steinfurth weiter. Nach der Kreuzung mit der Zufahrt zur **B 3** geht es bergab in das Tal der Wetter. Wir nähern uns der **Rosenstadt Steinfurth.** Im Ort überqueren wir zunächst einen beschrankten Bahnübergang und danach das Flüsschen **Wetter.** Rechts liegt ein

Altes und Schönes
Von Bad Nauheim nach Münzenberg

kostenloser **Parkplatz,** den man alternativ auch als Startpunkt wählen kann.

Wenige Meter weiter knickt die Vorfahrtstraße links ab. Hier bei der **Metzgerei Michel-Weitzel** ❶ fahren wir aber geradeaus leicht bergauf. In der Metzgerei bekommt man neben täglich wechselndem Mittagstisch stets einen leckeren Imbiss oder man versorgt sich hier mit Zutaten für ein Picknick.

An einer alten Linde mitten auf der Straße biegen wir links ab. Am Ende der Straße treffen wir auf ein umranktes Fachwerkhaus, in dem sich das **Rosenmuseum Steinfurth** ❷ und das nette **Rosencafé** befinden. Wir fahren links vom Gebäude durch die Schulstraße weiter, bis wir auf die Steinfurther Hauptstraße tref-

*Man gelangt vom Bahnhof Bad Nauheim zum **Tourstart** am P 4, indem man die Bahnhofsallee zum Sprudelhof hinterfährt. Davor rechts in die Ludwigstraße abbiegen, danach wieder rechts und über das rote Band auf der Fahrbahn zum Parkplatz P 4 am Großen Teich*

Entschleunigungstour 9

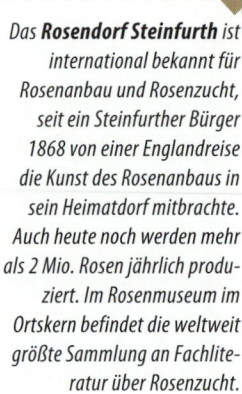

*Das **Rosendorf Steinfurth** ist international bekannt für Rosenanbau und Rosenzucht, seit ein Steinfurther Bürger 1868 von einer Englandreise die Kunst des Rosenanbaus in sein Heimatdorf mitbrachte. Auch heute noch werden mehr als 2 Mio. Rosen jährlich produziert. Im Rosenmuseum im Ortskern befindet die weltweit größte Sammlung an Fachliteratur über Rosenzucht.*

fen, der wir bis an das Ortsende ohne Radweg folgen. Dort können wir nach links auf einen separaten Radweg wechseln. Links der Straße zum Flüsschen **Wetter** hin, dem die ganze Region nördlich von Frankfurt ihren Namen verdankt, sehen wir die sumpfigen Wiesen des Naturschutzgebietes Breitwiese. Vor **Oppershofen** begrüßt uns rechts der Straße die markante Erhebung **Wingertsberg,** auch ein Naturschutzgebiet, allerdings der ganz anderen Art, denn hier gedeiht eher Trockenrasen. Der Name „Wingertsberg" stammt aus dem frühen 14. Jahrhundert, als die Fläche als Weinberg des Zisterzienserklosters Marienschloss in Rockenberg diente.

Unmittelbar vor dem ersten Haus biegen wir links ab. Wir werden hier auf dem Radweg weitgehend um den Ort herumgeleitet, um die Hauptstraße zu meiden. Eine kleine Brücke führt uns über die Wetter. Am Rande eines Bahndamms stoßen wir auf die Bahn-

Burgruine Münzenberg

Von Bad Nauheim nach Münzenberg

hofstraße, der wir nach rechts folgen. Unmittelbar hinter einer schönen Steinbrücke über den Fluss Wetter biegen wir links ab. Schließlich landen wir doch noch an der Hauptstraße. Wir biegen links auf sie ab und erreichen schon nach wenigen Metern das Ortsende, wo wir auf dem Radweg auf der linken Straßenseite nach Rockenberg weiterfahren. An einer Bushaltestelle müssen wir den Fuß- und Radweg verlassen und auf die Straße wechseln, die bald als Vorfahrtsstraße links abknickt, wo wir aber nach rechts abbiegen.

Wir fahren stets geradeaus, zunächst durch ein Wohngebiet, dann entlang von Streuobstwiesen und schließlich über endlose Felder, stets leicht bergauf. Bald sehen wir die Silhouette der Burgruine Münzenberg und einen Baum vor uns in der Ferne. Am Baum

Der Rosenkorso ist das Highlight des alle zwei Jahre im Juli stattfindenden viertägigen **Steinfurther Rosenfests**. Die prächtigen Motivwagen werden mit mehreren Hunderttausend Rosenblüten geschmückt. Im Ortskern wird ein Rosenmarkt mit über 80 Ausstellern abgehalten. Die große Rosenschau wird von der Rosenkönigin eröffnet.

Für die Seele

Den Rosenduft in Steinfurth inhalieren und an Salinen in Bad Nauheim entspannen, romanische Bögen unter Efeu entdecken und auf der Römerstraße in die Vergangenheit radeln.

angekommen, machen wir kurz Halt, um das 360-Grad-Panorama auf uns wirken zu lassen. Wir sind umgeben von sanften, teils bewaldeten Hügeln und Bergen, wobei wir deutlich den Taunus am südwestlichen Horizont erkennen.

Danach kommen wir bald an eine Wegkreuzung, an der wir schon recht nah der Burgruine Münzenberg ❸ sind. Dieser statten wir einen Besuch ab. Wir biegen hier links ab, fahren kurz bergab und an der nächsten Kreuzung rechts. Nun steigt der Weg an und wir passieren einen gotischen Torbogen. An einer T-Kreuzung biegen wir links ab und fahren weiter bergauf. Wenig später erreichen wir den Eingang der Burganlage. Wir parken die Räder, zahlen Eintritt und kön-

Entschleunigungstour 9

*Der Palas der **Ruine Münzenberg** ist der einzige aus dem 12. Jh. in ganz Mitteleuropa, der nie verändert worden ist. Ebenfalls aus dem 12. Jh. stammen die innere Ringmauer und der östliche Bergfried. Die Ringmauer folgt oval gestreckt den natürlichen Gegebenheiten des aus Basalt bestehenden Bergkegels.*

nen die Burg erkunden. In jedem Fall lohnenswert ist ein Gang entlang der Burgmauern oder auf den Bergfried. Ein erster Blick von der Burgmauer entlockt uns spontan ein „Wow!". Zu gigantisch ist der Blick von hier oben in alle Richtungen, auf die Dächer von Münzenberg, die ganze Wetterau und die angrenzenden Gebirge Vogelsberg und Taunus. Auffallend sind die schönen romanischen Fenster im Palas.

Wir müssen uns loseisen und radeln ein Stück bergab in die Richtung, aus der wir gekommen sind. Restaurant und schöner Garten des **Burghotels Münzenberg** ❹ lohnen in jedem Fall einen kleinen Abstecher. Dazu müssen wir an der ersten Kreuzung, an die wir von rechts unten gekommen sind, geradeaus den Berg hinunterfahren und kurz danach auf den Burgweg links abbiegen. Am nächsten Eck liegt dann das nette Restaurant.

Um die Tour fortzusetzen, fahren wir denselben Weg zurück bis zur Kreuzung am Nussbaum, an der wir von rechts gekommen sind. Hier biegen wir nun links ab Richtung Wölfersheim und fahren leicht bergauf zu einer Landstraße, vor der wir rechts abbiegen und auf einem asphaltierten Feldweg weiterfahren. Gleich geht es wieder bergab bis zur nächsten Kreuzung, an der wir wieder links abbiegen und dem Radweg RMV 2 folgen. Unmittelbar vor einer Landstraße, auf die wir bald treffen, biegen wir rechts auf einen Feldweg Richtung **Wölfersheim.** Der Weg taucht bald in den Wald ein und trifft auf die **A 45.** Nach 300 Metern biegen wir schräg rechts ab wieder in den Wald hinein.

Was wir von unserer Position aus nicht so gut erkennen, bestätigt aber ein Blick auf die Karte. Der Weg verläuft die nächsten 4,8 Kilometer schnurgeradeaus, weil er nämlich schon von den Römern vor 2000 Jahren angelegt wurde. Die **Römerstraße** ❺ verlief von Friedberg zum nördlichsten Kastell in Arnsburg. Es ist nicht die einzige, im Verlauf erhaltene Römerstraße in Deutschland, und es gibt einem ein tolles Gefühl, auf ihr zu fahren. Wir radeln bis zum höchs-

Römerstraße

Ludwigsbrunnen in Bad Nauheim

Von Bad Nauheim nach Münzenberg

ten Punkt des Weges, wo sich laut einer Tafel ein römischer Signalturm befunden hatte. Der Weg verlässt bergab den Wald und führt über Felder. An der nächsten Kreuzung steht eine Tafel, die uns von einem römischen Gutshof und Gräberfeld hier unter der Erde berichtet. Die „Villa auf dem Gleichen" gehörte mit 50 Metern Breite zu den größten in der Wetterau. Zu sehen ist davon leider nichts.

Im weiteren Verlauf reihen sich einige landwirtschaftliche Betriebe und ein Reiterhof an der Römerstraße aneinander. Im letzten, einem modernen Haus auf der Linken, wartet das **Hermanns** ❻ auf uns. Das hübsche Lokal mit Terrasse bietet seinen Gästen ungetrübten Fernblick. In die kleine Landstraße, die hier vorbeiführt, biegen wir rechts ein, folgen ihr bergab und verlassen sie schon wieder vor der Rechtskurve nach links in einen asphaltierten Feldweg. Dieser führt uns mit leichtem Gefälle ein gutes Stück Richtung Steinfurth. An einer Abzweigung fahren wir links Richtung **Bad Nauheim.** Nach 300 Metern biegen wir oben auf dem Hügel rechts und an der nächsten Möglichkeit links ab. Vor uns breiten sich die endlosen Felder der Wetterau aus, am Horizont erkennen wir bei klarer Sicht die Hügelketten von Vogelberg und Spessart.

Es geht nun wieder leicht bergab zur Talsohle, wo wir rechts abbiegen und nach 700 Metern Wisselsheim erreichen. Links sehen wir ein kleines Gasthaus, den **Kastanienhof.** Kurz vor der Hauptstraße führt ein Rad- und Fußweg nach rechts Richtung Bad Nauheim. Der mündet gleich in die Hauptstraße, die wir an der nächsten Möglichkeit nach links verlassen. Wir überqueren die Wetter, biegen an der nächsten Möglichkeit links ab und folgen der natürlich mäandernden Wetter. Wo unser Weg auf eine vorfahrtberechtigte Straße trifft, biegen wir links ab, überqueren die Wetter und biegen unmittelbar danach rechts auf den Radweg ab. Wir treffen auf die **Rödger Landstraße** und folgen ihr nach rechts bis zur abknickenden Vorfahrt. Hier

Entschleunigungstour 9

fahren wir geradeaus Richtung Dorheim. Am Ortsende geht die Straße in einen asphaltierten Feldweg über, dem wir durch das Wettertal folgen. Nach 1 Kilometer biegen wir rechts ab Richtung Nauheim Süd.

Schließlich trifft der Weg auf eine Landstraße, auf die wir rechts und hinter der Wetterbrücke gleich wieder links abbiegen. Schließlich erblicken wir links ein kleines Häuschen mit riesigem Wasserrad, das berühmte **Schwalheimer Rad** ❼, eines der größten in Europa. Ein kurzer Abstecher zu diesem romantischen Industriedenkmal ist unbedingt lohnenswert. Wir setzen unsere Fahrt fort und folgen der Straße durch ein Wohngebiet. Am Ende geht sie in einen Radweg über, auf dem wir mittels Brücke die B 3 überqueren. Wir halten uns links und unterfahren mit zwei Tunnels einen Bahndamm und die Frankfurter Landstraße.

Vor uns sehen wir eines der Wahrzeichen der Stadt, den **Windmühlenturm an der Langen Wand** ❽. Die Lange Wand sind zwei riesige Gradierwerke IV und V. Der Windmühlenturm transportierte, als er noch Flügel hatte, die Sole auf die Gradierwerke. Die Flügel verlor er schon im 19. Jahrhundert bei einem Orkan, sie sollen aber aktuell wieder errichtet werden.

Wir fahren rechts entlang der Saline und weiter auf dem Radweg rechts entlang eines Parkdecks. Schließlich stoßen wir auf **Ludwigsbrunnen, Wasserrad und Saline** ❾, die wir zu Fuß über eine Fußgängerbrücke über die Usa erreichen. Hier stehen wir am Ludwigsbrunnen vor einem um 1740 erbauten Wasserrad. Es diente dem Antrieb von Pumpen, die die Sole auf die Gradierbauten der Saline förderten. Unmittelbar daneben lädt das **Café am Ludwigsbrunnen** ❿ in einem Fachwerkhaus mit Garten zum Verweilen ein.

Wir fahren nun weiter rechts der Usa auf einer Allee Richtung Stadtmitte. Ihr folgen wir lange, kommen dabei noch am **Gradierwerk I** mit Inhalatorium vorbei und überqueren schließlich die Parkstraße mithilfe von Elvis als Ampelmännchen. Nun fahren wir auf den **Sprudelhof** ⓫ zu und halten uns unmittel-

Windmühlenturm an der Langen Wand

Gradierwerk III in Bad Nauheim

Von Bad Nauheim nach Münzenberg

Sprudelhof

bar davor auf dem Radweg links. Kurz danach erreichen wir den zentralen Hof der mächtigen Badeanlage im reinen Jugendstil. Hinter dem Brunnen sehen wir am Ende der Sichtachse den **Bahnhof,** den man von hier geradeaus erreichen kann. Wir nehmen uns aber noch Zeit, die Jugendstilbauten zu betrachten, können im **Kurpark** entspannen oder uns im **Schweizer Milchhäuschen** ⑫ am Rande des Kurparks direkt an der Brücke beim Sprudelhof niederlassen.

Um zum Parkplatz zurückzukehren, folgen wir weiter dem Radweg zwischen Park und Sprudelhof, biegen vor einem Reha-Zentrum rechts ab und wenig später links in die Rittershausstraße auf einen breiten, rot auf die Fahrbahn gemalten Radweg. Er führt uns an prächtigen Häusern aus dem 19. Jahrhundert vorbei und mündet schließlich in einen Radweg an der Usa. Wenig später erreichen wir unseren Parkplatz.

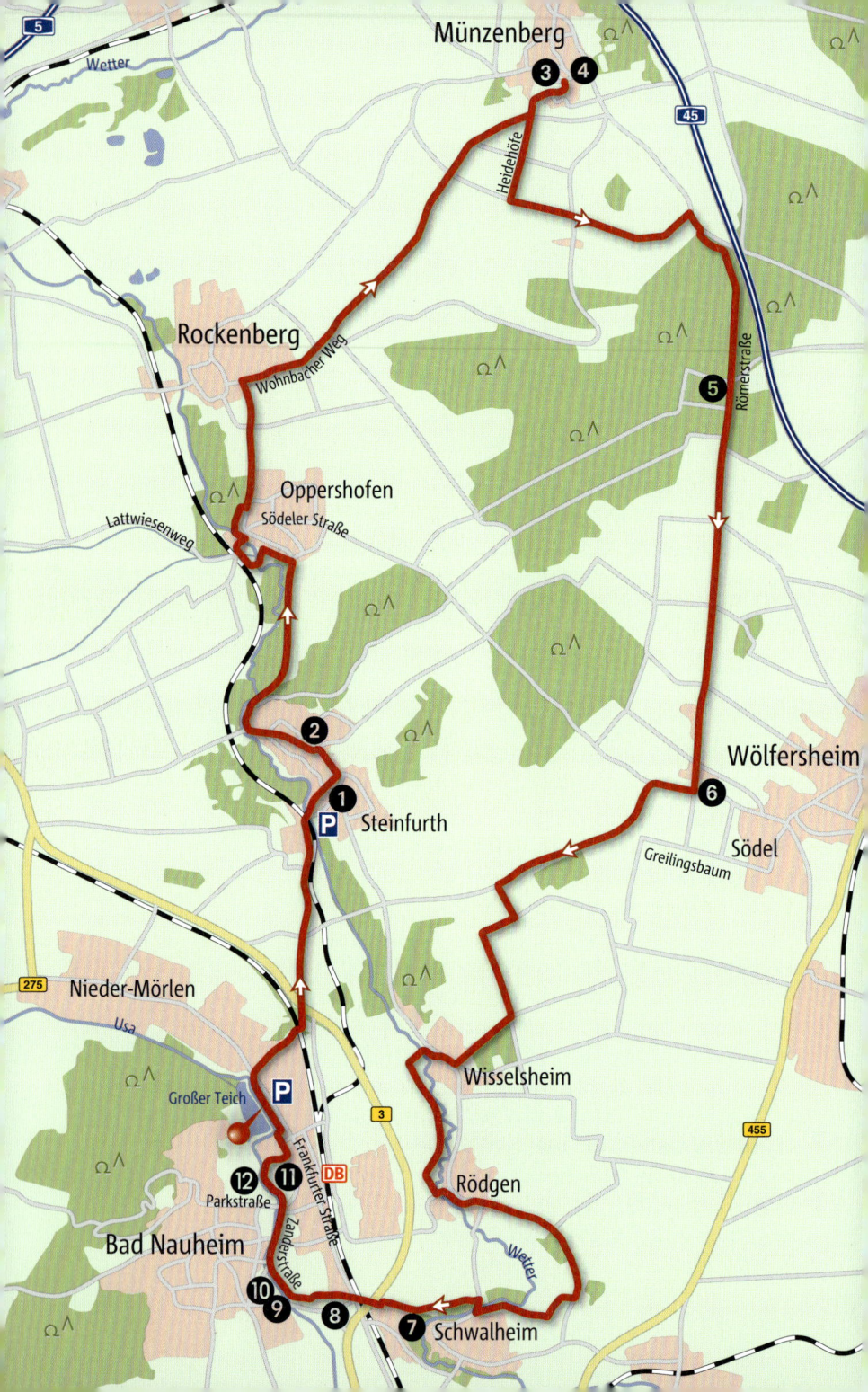

Alles auf einen Blick

WIE & WANN:
Empfohlene Jahreszeit: Frühling bis Herbst; weitgehend autofrei auf asphaltierten und befestigten Wegen, teilweise Schotter; wenig Einkehrmöglichkeiten außer in Bad Nauheim

HIN & WEG:
Auto: P4-Parkplatz Frankfurter Straße am Kurpark Bad Nauheim, Gebühr max. EUR 4/Tag Handyparken (GPS: 50.373271, 8.741838), kostenloser Parkplatz an der Route in Steinfurth (GPS: 50.395181, 8.747152)
ÖPNV: Bf. Bad Nauheim (RB)

ESSEN & ENTSPANNEN:
Metzgerei Michel-Weitzel ❶ Im Steckgarten 1, 61231 Bad Nauheim OT Steinfurth, Tel. (0 60 32) 8 24 32, www.metzgerei-michel-weitzel.de
Burghotel Münzenberg ❹ Wohnbacher Straße 1, 35516 Münzenberg, Tel. (0 60 04) 91 57 00, www.burghotelmuenzenberg.de (Mo.–Sa. ab 17 u. So. ab 11.30 Uhr)

Entspannung ✸✸✸✸✸
Genuss ✸✸✸✸✸
Romantik ✸✸✸✸✸

Restaurant Das Hermanns ❻ Römerstraße 1 a, 61200 Wölfersheim, Tel. (0 60 36) 98 87 50, www.das-hermanns.de
Café am Ludwigsbrunnen ❿ Zanderstraße 35, 61231 Bad Nauheim, Tel. (0 60 32) 3 21 50, www.cafe-am-ludwigsbrunnen.de
Schweizer Milchhäuschen ⓬ Nördlicher Park 6, 61231 Bad Nauheim, Tel. (0 60 32) 9 37 44 33, www.schweizer-milchhaus.de

ENTDECKEN & ERLEBEN:
Rosenmuseum und Rosencafé Steinfurth ❷ Alte Schulstraße 1, 61231 Bad Nauheim OT Steinfurth, Tel. (0 60 32) 8 60 01, www.rosenmuseum.com
Burgruine Münzenberg ❸ www.muenzenberg.de; **Römerstraße** ❺ **Schwalmheimer Rad** ❼
Windmühlenturm an der Langen Wand ❽ Am Gradierwerk, 61231 Bad Nauheim, www.wind-wasserkunst-badnauheim.de; **Ludwigsbrunnen, Wasserrad und Saline** ❾ 61231 Bad Nauheim; **Sprudelhof** ⓫ 61231 Bad Nauheim, Tel. (0 60 32) 3 49 55 88, www.sprudelhof.de

Entschleunigungstour 10

Wir starten vom P+R-Parkplatz gegenüber dem Bahnhofsgebäude **Dreieich-Buchschlag,** biegen nach rechts in die Straße ein, sodass der Bahnübergang hinter uns liegt, und biegen unmittelbar danach rechts in einen Waldweg ein, der mit Richtung Darmstadt und Langen ausgeschildert ist (schräg gegenüber dem **Restaurant Ursprung ❶**). Nach etwa 200 Metern werden wir nach links auf den Carl-Seelmann-Weg geleitet. Der Straße folgen wir an hübschen Einfamilienhäusern vorbei geradeaus bis zu einer T-Kreuzung. Hier biegen wir zunächst links ab und nach wenigen Metern rechts in den mit RMV 1 markierten Weg Richtung Dreieichenhain.

Wir fahren in einem schönen **Mischwald** über einen

Wälder und Villen
Idylle südlich von Frankfurt

unbeschrankten Bahnübergang. Später erreichen wir den Waldrand, wo der Weg nach rechts weiterführt. An einer beschilderten Kreuzung fahren wir geradeaus vorbei an kleinen Feldern, Wäldchen und Brombeerhecken. Wenig später überqueren wir eine Straße mit Ampelanlage und erreichen **Dreieichenhain,** links ein Gewerbegebiet, rechts der Straße ein Wald. Wir radeln stets geradeaus, unterqueren dabei die Autobahn **A 661,** fahren durch ein Wohngebiet, bis wir schließlich an einer alten Eiche auf eine vorfahrtberechtigte Straße stoßen, auf die wir nach links abbiegen. Wir folgen ihr so lange durch das Stadtgebiet, bis sie im Ortskern von Dreieichenhain nach links abknickt und wir vor uns ein **Stadttor** sehen, durch das

Entschleunigungstour 10

> Das Angebot an Parkplätzen an Bahnhöfen ist in der Region recht begrenzt. Deshalb bietet sich als alternativer Startpunkt für diese Tour für Autofahrer und Wohnmobilisten auch der direkt an der Route liegende **Parkplatz Am Weiher** in Dreieichenhain an.

wir das **historische Zentrum** ❷ erreichen. Zahlreiche Fachwerkhäuser reihen sich in der schmalen **Fahrgasse** aneinander. Hübsche Läden, nette Restaurants, das Café Cult und eine Eisdiele laden zum Verweilen ein. Am unteren Ende der Straße treffen wir auf die Ruine der mittelalterlichen **Burg Hayn** ❸. Sie war Sitz der Reichsvögte, die im Auftrag des Königs von hier aus den Wildbann (Jagdrechte) Dreieich verwalteten. Auf dem Gelände der Ruine befindet sich die **Tapas Bar El Castillo** ❹.

Wir rollen durch das Untertor, wo sich rechts der **Parkplatz Am Weiher** befindet, der einen guten alternativen Startpunkt für Autofahrer und Wohnmobilisten darstellt. Zwischen Parkplatz und Burgweiher stoßen wir auf eine Hauptstraße, der wir nach rechts und an einem Kreisverkehr weiter nach rechts, leider ohne Radweg, folgen müssen. Wir kommen an dem märchenhaft zugewachsenen Fachwerkhaus (erbaut 1422)

Idylle südlich von Frankfurt

mit dem **Landgasthof Alte Bergmühle** ❺ vorbei. Wir bleiben auf der Straße, erreichen den Ortsteil Götzenhain und fahren auch hier geradeaus weiter. An einem Mini-Kreisverkehr (roter Punkt in der Fahrbahnmitte) können wir auf einen links der Fahrbahn liegenden Fußgänger- und Radweg wechseln, behalten aber die Richtung bei. 100 Meter nach dem Ortsende biegen wir links der Markierung RMV 1 folgend auf einen asphaltierten Weg ab.

Wir stoßen auf einen Bahndamm, vor dem wir uns rechts halten und lange dem Verlauf der Bahnlinie folgen. In **Offenthal** stoßen wir auf ein Sträßchen, auf dem wir die Bahnlinie überqueren. An der nächsten Querstraße biegen wir rechts in die Feldbergstraße ein, anstatt dem Radweg geradeaus zu folgen. Am Ende die-

❀ Für die Seele

Durch stille Wälder, über sanfte Hügel mit Blick in die Ferne, vorbei an malerischem Fachwerk, spektakulären Skulpturen traumhaften Jugendstilvillen.

ser Straße biegen wir rechts in einen Radweg ab, der an einem Minigolfplatz vorbeiführt. Die folgende Straße überqueren wir, um an der Bahnlinie weiterzufahren. Rechts gegenüber liegt der **Bahnhof Offenthal.** Bald kommen wir in eine Sackgasse am Rande eines Gewerbegebiets. Beim letzten Gebäude führt der Radweg schräg rechts auf einen Bahnübergang zu, den wir aber nicht überqueren und stattdessen ab hier lange dem Weg links des Bahndamms folgen.

Hinter einem großen Mehrfamilienhaus überqueren wir auf einer Fußgänger- und Radlerbrücke eine Straße und fahren entlang der Bahnlinie gegenüber der Bahnhaltestelle Urberach weiter bis zur querenden Ober-Rodener-Straße, auf die wir nach links abbiegen.

# Entschleunigungstour 10

An der Zufahrt zu einem Einkaufszentrum vorbei biegen wir hinter dem Parkplatz rechts ab Richtung Seligenstadt. Wir folgen dieser Straße bis an ihr Ende, wo wir an einer Skateboardanlage links auf einen Radweg abbiegen. An der folgenden T-Kreuzung biegen wir rechts ab. Wir fahren weiter auf dem Weg an einem begradigten Bach bis zu einer **Hochbrücke,** vor der wir links den Bach überqueren, dann nach rechts unter der Straßenbrücke hindurch und dahinter links fahren. Wir radeln weiter auf dem Radweg parallel zur Bundestraße, auch nach Überquerung einer Kreuzung. Wenig später müssen wir rechts abbiegen und folgen nun diesem die Bundestraße querenden Weg nach rechts so lange, bis wir an eine Vorfahrtsstraße kommen. Hier biegen wir links ab auf den gegenüberliegenden Fahrradweg.

Nach einem **Kreisverkehr** biegen wir an der nächsten Möglichkeit rechts Richtung Sportplatz ab und an einem im Weg stehenden Wohnhaus links vorbei und geradeaus weiter (RMV 1). An der nächsten Abzweigung etwa 50 Meter nach dem Sportplatz biegen wir links ab, ausgeschildert mit RMV 1. Der asphaltierte Weg bringt uns durch ländliche Idylle mit kleinen Wiesen und Baumreihen und einzelnen Wäldchen. Wir kommen schließlich an eine Abzweigung, wo wir gleich rechts, dem RMV 1 folgend, abbiegen werden. Zuvor machen wir aber einen Abstecher **zum 50. Breitengrad** ❻, der sich genau 50 Meter weiter geradeaus rechts des Weges befindet. Folgen wir dem Hauptweg noch weitere 100 Meter, eröffnet sich nach links ein kleines Gebiet Lüneburger Heide en miniature mit Birken und Heidekraut, das im Spätsommer herrlich blüht, die **Heide von Waldacker** ❼.

Wir wenden und fahren das Stück Weg zurück, um nach dem 50. Breitengrad links abzubiegen. Diesem zunächst schottrigen Teilstück folgen wir stets am Waldrand entlang, bis wir in den Wald eintauchen. An der ersten Kreuzung im Wald biegen wir links ab Richtung Heusenstamm und Dietzenbach (RMV 1

Idylle südlich von Frankfurt

Heide von Waldacker

und 9). Der mediterrane Duft der Kiefern weht uns angenehm um die Nase. Die Idylle des Waldes wird nur kurz von einer Landstraße unterbrochen, die wir geradeaus überqueren.

Nach langer Fahrt schnurgeradeaus macht der Weg einen leichten Schlenker nach links. Wir folgen weiter dem Weg ausgeschildert mit R 4. Einige Zeit später kommen wir zu einer beschilderten Kreuzung, an der wir links Richtung Dietzenbach (RMV 1) fahren. Es geht nun ganz leicht bergab in eine Senke mit einem Brunnenhaus, danach kommen wir noch an weiteren eingezäunten und gefassten Quellen für Trinkwasser vorbei. Plötzlich tut sich vor uns eine riesige Lichtung auf mit Wiesen und grasenden Rindern, die zum **Hofgut Patershausen** 8 gehören, dessen rote Dächer wir deutlich erkennen. Der Weg führt auf eine Abzweigung vor einem gekachelten Trafohaus zu. Von hier erreicht man mit einem Abstecher nach rechts nach 300 Metern einen schönen **Biergarten** unter

Entschleunigungstour 10

Wald bei Nieder-Roden

alten Bäumen neben den Mauern der historischen Hofanlage, der leider nur an Wochenenden bei schönem Wetter geöffnet hat. Von März bis Oktober kann man dann hier Grillgut aus der Hofmetzgerei mit hausgemachtem Kartoffelsalat genießen. Im Hof, der vom Herrenhaus und Wirtschaftsgebäuden umschlossen ist, gibt es einen **Hofladen** mit Biofleisch von Angusrindern.

Sollten wir auf den Abstecher verzichten, biegen wir vor dem Brunnenhaus links ab und fahren gleich rechts auf dem asphaltierten Weg weiter durch Wald. Wenig später stoßen wir am Waldrand und Ortsrand von **Dietzenbach** auf Gewerbehallen, vor denen wir rechts abbiegen und dem RMV 1 weiter folgen. Bevor die Straße in einer Unterführung unter einer Bahnlinie verschwindet, fahren wir auf den Radweg links der Fahrbahn, um auf ihm, von der Straße getrennt, die Bahnlinie zu unterqueren. Kurz danach wechseln wir erneut die Straßenseite und setzen die Fahrt auf dem Fahrradweg so lange fort, bis

Idylle südlich von Frankfurt

der Weg nach einigen schicken Villen in einen Forstweg übergeht. An der nächsten Kreuzung im Wald biegen wir links ab auf den Radweg 9, der uns noch ein gutes Stück durch den märchenhaften Mischwald mit Buchen, Kiefern, Fichten und Farn führt. Schließlich erreichen wir einen kleinen Wanderparkplatz an der befahrenen Straße B 459. Wir radeln über den Parkplatz nach links bis zu einem Weg, an dem wir rechts abbiegen und gleich danach vorsichtig die Bundesstraße überqueren, um unsere Fahrt durch den Wald fortzusetzen. An einer Gabelung halten wir uns rechts und folgen dem allgemeinen Radwegsymbol bis zur nächsten beschilderten Abzweigung, wo wir geradeaus dem RMV 1 folgen. An einer Gabelung geht es für uns geradeaus weiter auf dem RMV 1 Richtung Langen und Sprendlingen.

An dem Naturdenkmal zweier uralter Huteichen glauben wir zunächst, eine Lichtung mit saftig grünem Gras erreicht zu haben. Sie entpuppt sich aber sehr schnell als der schön angelegte Golfplatz Neuhof. Im wei-

Golfplatz Neuhof

Entschleunigungstour 10

teren Verlauf ergeben sich gelegentlich Ausblicke auf die grünen Rasenflächen, eingerahmt von Wäldern. An einer Fußgängerampel können wir eine Landstraße sicher überqueren und unter Alleebäumen die Fahrt fortsetzen.

Wir blicken rechts über das Gelände des Golfclubs, das wie eine Mischung aus Naturschutzgebiet und Golfplatz angelegt ist. Im Hintergrund erkennt man die Berge des Taunus und davor den Frankfurter Messeturm und die gesamte Skyline. Geradeaus vor uns sehen wir auf dem höchsten Punkt eine interessante pyramidenförmige Skulptur. Beim Näherkommen erkennen wir, dass sie aus vielen Stangen besteht und deshalb Stangenpyramide 9 genannt wird. Wir stellen die Räder ab und nähern uns dem faszinierenden Kunstwerk, das je nach Blickwinkel das Erscheinungsbild ändert. Im Hintergrund bilden der Feldberg und die Berge des

*Die schon weithin sichtbare **Stangenpyramide** am höchsten Punkt in Götzenhain besteht aus 450 Rundhölzern von je 24 cm Durchmesser. Die riesige begehbare von den Landschaftsarchitekten Ipach und Dreisbusch entworfene Skulptur ist zweigeteilt und bildet eine Sichtachse zur Frankfurter Skyline und dem dahinterliegenden Taunus.*

Stangenpyramide

Idylle südlich von Frankfurt

Hochtaunus den Horizont, vor dem wir Flugzeuge im Landeanflug auf den Frankfurter Flughafen erkennen.

Wir setzen unsere Tour fort, wobei wir an der nächsten Kreuzung geradeaus fahren und dem RMV 1 weiter folgen. Kurz danach macht der nun geschotterte Weg eine Rechtskurve. Vor einem Feld biegen wir dann links ab. Auch hier haben wir wieder einen schönen Blick auf die fernen Hügel des Taunus. Nun geht es bergab durch eine fast mediterran wirkende Landschaft. Der geschotterte Weg endet an einer Kreuzung, wo wir die Wahl zwischen vier asphaltierten Wegen haben. Wir nehmen den rechten der beiden, die geradeaus führen (RMV 1), der uns über die **A 661** bringen wird. Hinter der Brücke biegen wir an der T-Kreuzung nach links ab und folgen dem Weg, bis wir den Ortsrand von **Sprendlingen** erreichen. Bei der ersten Möglichkeit biegen wir rechts in die Schulstraße und danach links in eine Spielstraße. An der Kirche erreichen wir den Lindenplatz, der die Ortsmitte darstellt. Vor uns liegt ein kleines, schnuckeliges Fachwerkhaus mit dem Restaurant **Zur blauen Blume** ⑩.

Wir fahren das Sträßchen vor dem Lokal nach rechts, bis wir auf die stark befahrene Darmstätter Straße treffen, die wir an der Fußgängerampel überqueren. Wenige Meter links von uns zweigt die Vogtei nach rechts ab, die wir hinunterfahren bis an ihr Ende vor einer kleinen Querstraße, die wir geradeaus kreuzen. Wir fahren die **Bachstraße** weiter bis zu einer Fußgängerampel und folgen dem sehr schmalen Pfad rechts des Bachs. Am Ende des Weges treffen wir auf eine Linde, vor der wir uns links halten und den Bach über eine schmale Brücke überqueren.

An der nächsten **Kreuzung** sollen wir laut Beschilderung links abbiegen, fahren aber geradeaus weiter am Wasser entlang. Wenn der Weg auf der linken Seite des Bachs an einer querenden Straße endet, setzen wir die Fahrt am rechten Ufer fort. Hier verlassen wir das bebaute Ortsgebiet und der Bach darf sich wieder in natürlichem Umfeld zwischen Bäumen

Entschleunigungstour 10

> 1904 wurde der Gründungsvertrag zur **Villensiedlung** unter Großherzog Ernst Ludwig von Hessen geschlossen, für den der bekannte Baumeister des Jugendstils aus Darmstadt tätig wurde. Buchschlag hat den Charakter einer Gartenstadt und Villenkolonie bis heute bewahren können. Das Ensemble steht unter Denkmalschutz.

und Sträuchern hindurchschlängeln. Wir bleiben stets am schattigen rechten Ufer, bis wir an der **Rosenaustraße** erneut auf die linke Seite wechseln müssen.

Schließlich müssen wir an der querenden Buchwaldstraße links abbiegen und somit den Bach hinter uns lassen, dann gleich wieder nach rechts zwischen üppigem Grün in eine Fahrradstraße einbiegen, über die wir nach wenigen Metern in die berühmte **Villenkolonie Buchschlag** ⑪ gelangen, die zur sogenannten Gartenstadtbewegung zählt und die größte geschlossene Siedlung dieser Art ist. Die als Fahrradstraße markierte Straße führt uns an schönen und gepflegten **Jugendstilvillen** mit prächtigen Gärten vorbei. Über die **Ernst-Ludwig-Allee** gelangen wir auf der Fahrradstraße bis zum Bahnhof Buchschlag, vor dem wir links abbiegen und unseren Startpunkt erreichen.

Ristorante Localino

Villenkolonie Buchschlag

Alles auf einen Blick

WIE & WANN:
Das ganze Jahr möglich; weitgehend autofrei auf Asphalt und wassergebundenen Wegen

HIN & WEG:
Auto: Parkplatz am Bf. Dreieich-Buchschlag (GPS: 50.021141, 8.661393), Parkplatz am Weiher Dreieichenhain, Fahrgasse 65, 63303 Dreieich (GPS: 50.001412, 8.717244)
ÖPNV: Bf. Dreieich-Buchschlag (RB, S-Bahn)

ESSEN & ENTSPANNEN:
Restaurant Ursprung ❶ Buchschlager Allee 4, 63303 Dreieich-Buchschlag, Tel. (0 61 03) 9 88 64 30, www.restaurant-ursprung.de
Tapas Bar El Castillo ❹ Fahrgasse 52, 63303 Dreieichenhain, Tel. (0 61 03) 9 88 66 43, www.elcastillo-dreieich.de

Entspannung ✦✦✦✦✦
Genuss ✦✦✦✦✦
Romantik ✦✦✦✦✦

Landgasthof Alte Bergmühle ❺ Geißberg 25, 63303 Dreieich, Tel. (0 61 03) 8 18 58, https://alte-bergmuehle.de
Hofgut Patershausen ❽ 63150 Heusenstamm, Tel. (0 61 04) 6 79 63, www.hofgut-patershausen.de
Zur blauen Blume ❿ Lindenplatz 9, 63303 Dreieich, Tel. (0 61 03) 8 07 70 57, www.zur-blauen-blume.com (Mo.–Fr. 16.30–24, Sa./So. 11.30–24 Uhr)

ENTDECKEN & ERLEBEN:
Historisches Zentrum Dreieichenhain ❷ www.dreieichenhain.de
Burg Hayn ❸ Fahrgasse 52, 63303 Dreieichenhain, Tel. (0 61 03) 8 04 96 40, www.dreieich-museum.de
50. Breitengrad ❻
Heide von Waldacker ❼
Stangenpyramide ❾ Auf der Hub, 63303 Dreieich
Villenkolonie Buchschlag ⓫

Schiersteiner Hafen

- ✻ 36 Kilometer (ab Gemünd 30 Kilometer)
- ✻ 20 Höhenmeter
- ✻ 3 Stunden
- ✻ Rundtour

Erfrischungstour 11

Wir starten in der **Kleinaustraße,** wo wir geparkt haben, und fahren bis an ihr Ende an der T-Kreuzung. Links geht es zur Schiersteiner Hafenpromenade mit Restaurants und Eisdielen, über die wir am Ende unserer Tour zurückkommen werden. Wir biegen hier also rechts ab und folgen dem Fahrradwegweiser Richtung Walluf und Eltville. Nach gut 200 Metern verläuft der Weg nach links. Wir haben linker Hand einen schönen Blick auf den **Schiersteiner Hafen** mit seinen vielen Booten. Der Weg führt uns nun auf einen mit alten Platanen bestandenen Deich. Hier biegen wir scharf rechts ab.

Vom erhöhten Radweg haben wir nach rechts einen wunderbaren Blick auf das ausgedehnte Wasserschutzgebiet, dessen Gelände von Störchen zur Brut genutzt wird. Dahinter erheben sich die Berge des Rheingau-Taunus. Wenig später halten wir kurz an, um mehrere Storchenpaare auf einem uralten Baum in ihren Horsten zu beobachten. Links von uns können wir den Rhein durch das urwaldähnliche Dickicht der Uferbewachsung mit alten knorrigen Weiden nur erahnen. Nach einer Rechtskurve befindet sich am linken Wegrand eine Infotafel über das **Wasserschutzgebiet** ❶, gut 100 Meter weiter endet die Platanenallee, und wir verlassen den Deich nach links. Wir folgen der Straße bis zum Rheinufer von **Niederwalluf** mit der uralten, riesigen Eiche. Der Platz hier wurde mit Sitzstufen am Ufer schön gestaltet und lädt zu einer Pause auf einer der Bänke am **Weinprobierstand** ein. Er wird nicht

An Rhein und Reben
Durch Rheingau und Rheinhessen

Erfrischungstour 11

Im Rheingau gibt es zahlreiche **Weinprobierstände**, die von Ostern bis Ende Oktober für Einheimische und Gäste ein beliebtes Ziel sind. Die teilnehmenden Betriebe der verschiedenen Weinstandgemeinschaften bestücken ihren Weinstand wöchentlich abwechselnd mit dem Ausschank ihrer hauseigenen Weine.

der einzige auf dieser Route sein. Daneben befindet sich zur Einkehr das Hausboot Die Schwabbel ❷ mit Terrassengarten, das aber erst um 16 Uhr öffnet.

Wir folgen der Rheinallee noch für ein paar Meter, um dann vor einem großen, alten Gebäude und einem Parkplatz rechts abzubiegen und unmittelbar hinter dem Gebäude vor der weißen Kirche links in die Rheinstraße zu fahren. Hier laden schon wieder zwei ausgesprochen romantische Terrassengärten über dem Rhein zur Einkehr ein. Wir widerstehen der Verlockung und folgen dem Straßenverlauf weiter, bis die Rheinstraße in den Uferweg übergeht. Der sandige, aber gut zu befahrende Weg führt nun über knapp 3 Kilometer direkt am Ufer des Rheins entlang nach Eltville. Links kleine Sandstrände und alte Weidenbäume, rechts Steinmauern, die Weinberge, Gärten und Villengrundstücke. Noch bevor wir Eltville erreichen, taucht die Silhouette der Altstadt mit der kur-

Rheinufer zwischen Walluf und Eltville

Durch Rheingau und Rheinhessen

fürstlichen Burg, der Burg Crass und dem Turm der Pfarrkirche vor uns auf. Links davon glitzert das bewegte Wasser des Rheins in seiner vollen Breite. Am gegenüberliegenden Ufer der großen Rheininsel **Königsklinger Aue** perfektioniert das Panorama wie im Bilderbuch eine schlossähnliche Industriellenvilla vom Anfang des 20. Jahrhunderts.

Der Leinpfad endet an der Uferpromenade von **Eltville** zu Füßen der mächtigen, weißen **Kurfürstlichen Burg** ❸. Am Tor zum Burggraben stellen wir unsere Fahrräder ab, um einen Blick in den Rosengarten dahinter zu werfen. Von hier aus gelangt man über eine Treppe in den Burghof und von dort aus in die romantische Altstadt mit ihren Fachwerkhäusern und zahlreichen Gassen. Die nächstgelegene Einkehrmöglichkeit an der Promenade ist **Anleger 511** ❹, die ehemalige, unter Denkmalschutz stehende, kleine Warte- und Schalterhalle für den Personenschiffverkehr direkt an der Kaimauer.

Wir folgen nun am **Eltviller Weinprobierstand** vorbei zunächst der Uferpromenade und schließlich nach dem Ort dem Uferweg weiter am Rhein entlang. Auf der Höhe von **Erbach** führt die **B 42** ebenfalls am Flussufer entlang, die uns auf etwa 1,5 Kilometer geräuschvoll begleiten wird. Nach 2 Kilometern, nun wieder ohne Straßenbegleitung, erreichen wir **Hattenheim.** Geradeaus steuern wir direkt auf den **Biergarten der Rheinschänke** ❺ zu. Hier können wir nicht widerstehen und lassen uns nieder. Wir sehen den Schiffen zu, wie sie gegen die starke Strömung ankämpfen.

🌼 Für die Seele

Entlang beider Ufer des Rheins, der hier durch ein außergewöhnliches Fleckchen Erde fließt.

Erfrischungstour 11

> Während der **Rheingauer Schlemmerwochen**, die jeden Frühling Ende April bis Anfang Mai stattfinden, öffnen über hundert Gastronomen und Winzer zehn Tage lang ihre Gärten, Gaststuben, Höfe und Weinkeller, um ihre Besucher kulinarisch zu verwöhnen. Darunter sind viele Weinbaubetriebe ohne Gutsausschank oder Straußwirtschaft, die nur während der Schlemmerwochen öffnen.

Wir folgen dem Weg weiter, der um die Rheinschänke herum, über ein kleines Brückchen und danach sofort nach links weiterführt, nun am **Weinprobierstand Hattenheim** ❻ vorbei. Eine große grüne Wiese lädt hier zum Picknicken oder Sonnenbaden ein, was von vielen Menschen genutzt wird, die meisten mit einem Weinglas in der Hand. Weiter geht es auf dem neu asphaltierten Uferweg zum historischen **Oestricher Wein-Verladekran** ❼ von 1745. Rechts der hübsche Ortskern von Oestrich mit dem Hotel Schwan.

Wenig später öffnet sich der Blick auf den Rhein in seiner vollen Breite. Vor uns erkennen wir schon die **Autofähre** ❽ von Oestrich nach Ingelheim, die wir nehmen wollen. Wir müssen nicht lange warten, bis sie anlegt, Autos und Fahrradfahrer ausspuckt und wir an Bord rollen können, weshalb wir den **Weinprobierstand Winkel/Mittelheim** links liegen lassen. Erst an Bord müssen wir den Fährmann bezahlen. Wir genießen die kurze Fahrt, indem wir zurück auf den **Rhein-**

Rheinschänke Hattenheim

Kurfürstliche Burg Eltvile

Erfrischungstour 11

Rheinfähre Ingelheim

gau blicken. Je weiter wir kommen, desto mehr öffnet sich der Blick auf **Oestrich-Winkel,** rechts die mittelalterliche **Basilika St. Aegidius** und die dahinterliegenden Weinberge und Hügel mit dem berühmten **Schloss Johannisberg.**

Nachdem wir in **Frei-Weinheim (Ingelheim Nord)** angelegt haben, rollen wir von der Fähre entweder zum direkt auf der Hafenmole liegenden Biergarten **Ingelheimer Sommergarten** ❾ oder folgen die ersten 50 Meter der **Rheinstraße,** die schnurgerade Richtung Ingelheim führt. Nun haben wir zwei Optionen. Wir können die hier im Buch beschriebene Route, die über die offiziellen Radwege auf asphaltierten Radwegen Richtung **Mainz** führt, wählen. Die alternative und romantischere Route führt uns direkt am Ufer entlang auf schattigen Wegen unter alten Bäumen hindurch, wo wir immer wieder einen herrlichen Blick auf den Rhein und den

Durch Rheingau und Rheinhessen

Rheingau haben. Um diesen Weg zu wählen, sollte es länger nicht geregnet haben, da die naturbelassenen Sandwege sonst nass und matschig und somit unsicher sind. Für diese Strecke müssen wir an der ersten Möglichkeit links von der Rheinstraße in die Jungaue abbiegen. Danach halten wir uns weiter links, bis wir sehr bald das Ufer erreichen. Nun folgen wir für etwa 3,5 Kilometer dem Uferweg. Wenn wir die Rheinklause erreichen, treffen wir auf den hier im Folgenden ausführlich beschriebenen Weg.

Wir fahren auf dem offiziellen Radweg Richtung Mainz, indem wir beim Verkehrsschild, welches das Ende der Spielstraße anzeigt, links von der Rheinstraße abbiegen und für 300 Meter links am Deich parallel weiterradeln. An der ersten Möglichkeit biegen wir rechts ab, unmittelbar danach hinter dem Deich links. Dort fahren wir auf dem Fahrradweg, der direkt am Damm entlang weiterführt. Nach genau 1 Kilometer nehmen wir den linken Weg über die Deichkrone, unmittelbar danach queren wir auf einer Brücke die Selz, um uns danach rechts und wenige Meter weiter links zu halten. Kurz darauf kommen wir an ein modernes technisches Bauwerk am Deich, eine Hochwasserschleuse ⑩. Über sie kann der dahinterliegende Polder geflutet werden, um den Pegel am Fluss zu senken.

Es geht weiter entlang des Deichs mit bunten Blumenwiesen. Wieder oben auf einer Deichkrone treffen wir auf eine Kreuzung, wo ein Wegweiser scharf nach links zur Rheinklause lockt. Wir nehmen diesen Weg hinunter vom Deich und erreichen bald ein bewaldetes Grundstück mit einem Tor, hinter dem sich die Rheinklause ⑪ befindet. Sie ist nur im Sommer an Wochenenden und Feiertagen geöffnet und bietet mit einem Biergarten schattige Rast unter alten Bäumen und mit historischem Ambiente. Der Bau entstand Ende des 19. Jahrhunderts. Wenn das Tor geschlossen ist, führt der Weg rechts um das Grundstück herum, wo er auf den Rheinuferweg trifft, dem wir nun nach rechts flussaufwärts folgen.

*Bei Ingelheim-Nord mündet die **Selz** in den Rhein. Sie gibt einem sehr schönen Radweg, dem Selztalradweg, Ihren Namen. Die Tour startet man am besten in Ingelheim, wo sie zunächst über eine ehemalige Bahntrasse und später auf durchweg asphaltierten Wegen mit nur wenigen sanften Anstiegen quer durch Rheinhessen führt. Man kommt an alten Mühlen vorbei, durch romantische Täler, über Rebhänge und aussichtsreiche Höhen.*

Erfrischungstour 11

Grüne Wiesen, Büsche und alte Bäume prägen auch hier das weitgehend naturbelassene Landschaftsbild. Links haben wir ab und zu einen Blick auf die blauen Wasser des Rheins, seine Inseln und den Rheingau im Hintergrund. Der Weg führt am Ufer entlang, bis wir vor einer Grünschnittdeponie rechts fahren müssen und dann sofort links auf einen schmalen Fahrrad- und Fußgängerweg abbiegen. Bald erreichen wir einen am Flussufer liegenden, nicht eingezäunten Campingplatz, dem wir bis an sein Ende folgen, um kurz darauf an einer Wegkreuzung beim Café Restaurant Deichterrasse zu halten und uns zu orientieren. Wir nehmen nicht den naturbelassenen Weg geradeaus, sondern wählen den Weg nach schräg rechts, der rechts am Deich entlangführt.

An einer S-Kurve halten wir uns links und folgen dem Fahrradwegzeichen. Nach 800 Metern fahren wir an einer Kreuzung auf einem Deichrücken geradeaus weiter, bis sich der Weg gleich nach einer Rechtskurve gabelt und wir links eine Deichkrone erreichen, auf der wir wiederum links abbiegen müssen. Rechts von uns erkennen wir einen großen Badesee mit Dauercampingplatz. Bald darauf führt uns der Weg geradeaus wieder über eine Deichkrone, wonach wir in eine ganz andere Umgebung eintauchen, geprägt von schmalen, lang gestreckten Feldern, Wiesen und Gärten.

Kurz nach einer leichten Rechtskurve biegen wir an einem allgemeinen Fahrradwegweiser links ab, um an der nächsten Möglichkeit wieder rechts abzubiegen. Nach etwa 600 Metern geht der Feldweg durch die Gartenregion in eine Dorfstraße von Budenheim über, der wir bis zu einer T-Kreuzung folgen. Hier haben wir eine Wahlmöglichkeit, sofern wir an einem Sonntag unterwegs sind. Nach links führt der Weg direkt zur Personen- und Fahrradfähre 12, die das diesseitige Ufer mit Walluf verbindet. Von dort haben wir einen kurzen Weg zurück zum Ausgangspunkt am Schiersteiner Hafen. Diese kleine Fähre steht aber nur in

Rheinauen bei Ingelheim

Erfrischungstour 11

Schleuse zur Polderflutung

den Sommermonaten an Sonn- und Feiertagen zur Verfügung. In der übrigen Zeit müssen wir den Weg über die **Schiersteiner Brücke** nehmen, wie hier beschrieben.

Wir biegen an der T-Kreuzung rechts und danach sofort wieder links ab und folgen der **Mainzer Straße** parallel zu einer Bahnlinie durch ein Industriegebiet. Unmittelbar an einem Umspannwerk (Hochspannungsleitung) biegen wir dem Fahrradwegweiser folgend auf einen unscheinbar wirkenden Weg rechts ab. Wir kommen wieder durch ein Gebiet mit schmalen Feldern und Gärten. An einer T-Kreuzung vor ei-

Durch Rheingau und Rheinhessen

nem Backsteinschuppen müssen wir rechts und dann sofort links abbiegen. Nach 800 Metern kurz vor der Autobahnbrücke biegen wir links ab und folgen nun immer dem Fahrradweg, beschildert mit Richtung Wiesbaden. Es ist nun mit Idylle und Romantik erst einmal vorbei, da wir uns der Dauerbaustelle Schiersteiner Brücke nähern, über die wir den Rhein überqueren. Auf die Brücke gelangen wir über die Anschlussstelle Mainz-Mombach. Da diese ebenfalls erneuert werden muss, wird sich die Wegeführung für Radfahrer sicher im Laufe der Zeit ändern. Wir müssen daher gut auf die Beschilderung Richtung Wiesbaden achten, um den Radweg über die Brücke zu finden. Sobald wir diese erreicht haben, fahren wir über den Rhein und werden hier mit einem Blick von hoch oben auf den Fluss und den Rheingau belohnt. Am Ende der Brücke werden wir automatisch hinunter auf das normale Straßenniveau geleitet, wo wir vor der querenden Straße scharf links wenden und praktisch ein Stück zurück am Fuße des Damms bis zur nächsten Straße fahren. Dort biegen wir auf dem Radweg rechts ab und an der gleich folgenden Ampelkreuzung nach links. Kurz darauf erreichen wir das östliche Ende des Schiersteiner Hafenbeckens, vor dem wir an der ersten Möglichkeit rechts abbiegen. Links liegen die Jachten in der Marina, rechts stehen moderne Büro- und Wohnhäuser in exklusivster Lage am Wasser. Geradeaus weiter erreichen wir am letzten Weinprobierstand dieser Tour die Hafenpromenade von Schierstein mit ihrem tollen Flair, das wir zumindest mit einem Eis in der Hand auf einer der vielen Bänke unter den alten Platanen mit Blick auf den Hafen genießen sollten.

Wenn wir der Promenade weiter folgen, erreichen wir wieder unseren Ausgangspunkt. Wenige Meter davor befindet sich links das mediterrane, griechische Restaurant To Limani ⓭ im ersten Stock des Wassersportvereins Schierstein mit sehr guter Küche und fantastischem Ausblick von der Terrasse auf den Hafen.

Alles auf einen Blick

WIE & WANN:
Empfohlene Jahreszeit: Frühling bis Herbst, am besten an trockenen Tagen, nicht bei Hochwasser; weitgehend autofrei auf Asphalt oder festen Böden; ein oder zwei Fährverbindungen; sonntags Abkürzung über Fähre Budenheim–Walluf unter Vermeidung der Autobahnbrücke

HIN & WEG:
Auto: Parkplatz in der Kleinaustraße, Wiesbaden-Schierstein (GPS: 50.042439, 8.191003)
ÖPNV: Bf. Wiesbaden-Schierstein (VIA RB), etwa 1 Kilometer zum Tourstart

ESSEN & ENTSPANNEN:
Hausboot Die Schwabbel ❷ Rheinallee am Segelhafen, 65396 Walluf, Tel. (0 61 23) 7 03 72 80, www.schwabbel-walluf.de
Restaurant Anleger 511 ❹ Platz von Montrichard 2, 65343 Eltville am Rhein, Tel. (0 61 23) 68 91 68, www.anleger511.de
Restaurant RheinSchänke ❺ Auweg 2, 65347 Eltville am Rhein, Tel. (0 67 23) 9 98 55 66, www.rheinschaenke.de
Weinprobierstand Hattenheim ❻ Auweg, 65347 Eltville am Rhein, Tel. (0 67 23) 88 57 55
Ingelheimer Sommergarten ❾ An der Hafen-Mole, 55128 Ingelheim am Rhein, Tel. (0 61 32) 98 21 10, www.ingelheimer-sommergarten.de
Rheinklause mit Biergarten ⓫ Alter Sand 3, 55218 Ingelheim am Rhein, Tel. (01 77) 8 66 46 04, www.rhein-klause.de
Restaurant To Limani ⓭ Christian-Bücher-Straße 18, 65201 Wiesbaden, Tel. (06 11) 2 33 78, www.to-limani.de

ENTDECKEN & ERLEBEN:
Wasserschutzgebiet Wasserwerk Schierstein ❶; **Kurfürstliche Burg Eltville** ❸ Burgstraße 1, 65343 Eltville am Rhein, Tel. (0 61 23) 8 12 99, www.eltville.de; **Oestricher Wein-Verladekran** ❼; **Rheinfähre Ingelheim** ❽ Rheinstraße, 55218 Ingelheim am Rhein, Tel. (0 61 31) 32 69 16, www.rheinfaehre.de; **Schleuse zur Polderflutung** ❿; **Fahrradfähre Budenheim–Walluf** ⓬ Isola-della-Scala-Platz 1, 55257 Budenheim, Tel. (0 61 39) 3 78, www.schifffahrt-nikolay.de (Mai–Okt. So./Feiertag 10–18 Uhr)

Entspannung ✦✦✦✦✦
Genuss ✦✦✦✦✦
Romantik ✦✦✦✦✦

Erfrischungstour 12

Wir starten unsere Tour vom Parkplatz am Niddapark zwischen Wasserspielplatz und Sportplatz mit dem Rücken zur Straße. Es ist nicht ganz einfach, bei den vielen Wegen den richtigen zum Start der Tour zu finden. Wir folgen dem Weg, der den Parkplatz Richtung **Niddapark** ❶ verlässt, und stehen nach 40 Metern an einer breiten Allee, die quer vor uns verläuft. Geradeaus sehen wir eine, wenn auch kurze Allee mit einem sandigen Pfad. Links neben dieser führt parallel ein gepflasterter Weg an einem Zaun entlang, den wir nehmen müssen. Am Ende des Zauns kommt eine Kurve und wir biegen sofort danach rechts ab. Hier steht kein Wegweiser. Wir fahren etwa 200 Meter durch ein Wäldchen und treffen auf einen breiteren Weg, auf den wir rechts abbiegen. Ihm folgen wir gut 200 Meter bis an eine Gabelung vor einer großen Wiese. Hier fahren wir rechts Richtung **Ausgang Römerstadt** ca. 250 Meter, bis wir wieder vor einer großen Wiese eine Linksabzweigung ohne Beschilderung nehmen. Diesem Weg folgen wir stets geradeaus, bis wir nach knapp 700 Metern an eine Kreuzung mit Fahrradwegweisern kommen. Wir fahren rechts (Richtung Bad Vilbel) und erreichen nach wenigen Metern die **Nidda,** die wir über ein Wehr überqueren. Dahinter biegen wir links auf den Uferweg ab und haben endlich staubfreien Belag unter den Rädern.

Kurz darauf erreichen wir die **Praunheimer Brücke.** Wenn wir hier rechts auf die Straße abbiegen, kommen wir nach 150 Metern zu **Schuch's Restaurant** ❷, in

Grüne Metropole
Kleine Frankfurt-Runde

Erfrischungstour 12

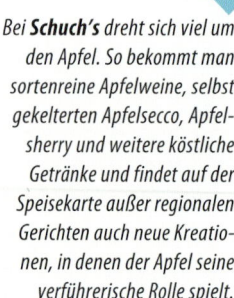

Bei **Schuch's** dreht sich viel um den Apfel. So bekommt man sortenreine Apfelweine, selbst gekelterten Apfelsecco, Apfelsherry und weitere köstliche Getränke und findet auf der Speisekarte außer regionalen Gerichten auch neue Kreationen, in denen der Apfel seine verführerische Rolle spielt.

jedem Fall eine gute Empfehlung für eine Einkehr mit Gastgarten, guter Küche und selbst gekelterten Apfelweinspezialitäten. Ob mit oder ohne Einkehr folgen wir weiter dem Nidda-Uferweg auf dieser Seite stets direkt am Wasser. Rechts von uns sehen wir immer wieder Bäume entlang von Altarmen, in denen die Nidda vor der Begradigung fließen durfte.

Der Weg verlässt kurz das Nidda-Ufer, um ab der Schnellstraßenbrücke wieder am Wasser entlangzuführen. Am gegenüberliegenden Ufer liegt das riesige Gelände des **Brentanobads.** Wir sind hier schon im **Brentanopark.** Wenig später müssen wir links abbiegen, über eine Brücke auf eine Nidda-Insel fahren, kurz darauf über eine zweite Brücke das Eiland verlassen

Wasserspielplatz Niddapark

Kleine Frankfurt-Runde

und rechts abbiegen. Links sehen wir einen **Bauhaus-Pavillon** von der Rückseite. 1931 wurde er mit einem halbkreisförmigen Schülergarten angelegt, heute ist hier ein Rosengarten.

Wir fahren auf einem Brückchen über den Mühlgraben, der zusammen mit der Nidda wieder eine Insel formt. Hier sind wir im **Solmspark,** wo im Mittelalter eine Wasserburg stand. Im 19. Jahrhundert wurde auch hier ein englischer Garten angelegt. Wir überqueren eine kleine Straße und fahren weiter an der Nidda entlang durch den Solmspark.

Idyllisch ist der Blick von den Brücken auf das träge dahinfließende Wasser und ins dichte Grün. Das Highlight des Parks ist heute eine kaukasische Flügelnuss mit ihren gigantischen 60 Metern Durchmesser und 20 Metern Höhe. Auf einer weiteren Brücke über den Mühlgraben verlassen wir die Insel und treffen auf den nächsten Park, die **Kurt-Halbritter-Anlage,** die wir schnell durchquert haben, sobald wir die Eisenbahnbrücke erreicht haben. Vorsicht, dort den Kopf einziehen!

Es geht nun lange geradeaus an der **Nidda** entlang, unter dem Frankfurter Westkreuz her, bis wir schließlich nach **Nied** kommen und dort die Straßenbrücke in Alt-Nied unterqueren. Auch hier ziehen wir bei nur 1,80 Meter Durchfahrthöhe lieber den Kopf ein. Hinter einer zweiten Brücke erreichen wir das Mainufer. Um einen Abstecher nach Höchst zu machen, biegen wir rechts ab und überqueren an der **Wörthspitze** über eine Bogenbrücke, die Räder schiebend, die Nidda.

Die Kaufmannsfamilie **Georg Brentano** *erwarb den nach ihr benannten Park in der ersten Hälfte des 19. Jhs. und machte daraus einen englischen Landschaftspark. 1926 kaufte ihn die Stadt Frankfurt und gestaltete ihn als Bürgerpark, wobei auch das Brentanobad angelegt wurde, das aus einem Altarm der Nidda entstand.*

Für die Seele

Gemütlich an Nidda und Main entlang, an Höchster Fachwerk, chilligem Beach, gediegenem Main-Nizza vorbei und auf Radwegen entspannt durch die Skyline zum Palmengarten.

Schlossplatz Höchst

Kleine Frankfurt-Runde

Von oben sehen wir die wenige Meter entfernte Mündung der Nidda in den Main.

Über die Seilerbahn fahren wir am Wasser entlang. Von rechts oberhalb einer hohen Mauer schaut die gotische Justinuskirche auf den Main herab. Ein efeubewachsenes, gotisches Tor aus rotem Mainsandstein ermöglicht uns den Zugang zum Schlossplatz, wo wir vor dem Höchster Schloss ❸ mit seinem markanten Turm stehen. Drei Traditionsgasthäuser laden an diesem malerischen verkehrsfreien Platz mit seinen historischen Häusern ein, Frankfurter Spezialitäten mit Apfelwein zu bestellen. Wir entscheiden uns für das Gasthaus Zum Schwan ❹.

Wir fahren den Weg, den wir gekommen sind, zurück und bleiben auf der Wörthspitze immer am Ufer des Mains Richtung Frankfurter Innenstadt. Nach der Schwanheimer Brücke hoch über uns knickt der Weg nach links ab und endet an einer Straße, auf der wir auf einem Radweg nach rechts fahren. Dabei kommen wir an Industrieanlagen vorbei und dürfen nach 1,5 Kilometern nicht den Weg nach rechts zurück zum Mainufer verpassen. Zunächst passieren wir die Staustufe Griesheim und etwas weiter liegen Motorboote gemütlich im Wasser am Griesheimer Ufer. Danach breitet sich die riesige Autobahnbrücke der A 5 über uns aus. Weiter geht es durch eine Grünanlage bis zu zwei Eisenbahnbrücken, die hier nebeneinander den Main überspannen. Direkt unter den beiden Brückenköpfen hat sich der Orange Beach ❺ mit Strandkörben, Liegestühlen und Bierzeltgarnituren etabliert. Das Kontrastprogramm zwischen Urlaubsatmosphäre und Industriekultur kann man mit einem Hugo oder einem Schmucker Gudes genießen.

Hinter den Brücken ist Schluss mit der Strandidylle. Der Weg führt hier zur Gutleutstraße, auf der wir nach rechts auf dem Radweg weiter Richtung Westhafen fahren. Genau 1,6 Kilometer radeln wir an modernen und historischen Industrie- und Gewerbebauten entlang, bis wir erneut eine Eisenbahnbrücke

Erfrischungstour 12

unterqueren. Unmittelbar hinter ihr biegen wir rechts ab Richtung Mainufer, wo uns allerdings keine Grünanlagen, sondern der inzwischen noble **Westhafen** ❻ erwartet. Wo früher Frachtschiffe an den Hafenmauern festmachten, liegen heute die Motorjachten der Bewohner würfelartiger Luxusapartmenthäuser, die auf den Quais platziert wurden.

Da, wo wir an das Mainufer treffen, befindet sich neben der Brücke ein Restaurant in einem ganz besonderen Gebäude mit außergewöhnlichem Ambiente, das in seiner Art einmalig sein dürfte: das **Druckwasserwerk** ❼. Es ist einen Blick ins Innere wert. Wir folgen direkt dem Weg am Wasser entlang mit Blick auf moderne Architektur für Büro- und Wohngebäude, gekrönt vom runden, gläsernen **Westhafen Tower.** Wir radeln links am Tower vorbei, unter der Friedensbrücke her auf das nördliche Mainufer. Links ragen die Banken in den Himmel und rechts reihen sich die Museen entlang des Museumsufers am Schaumainkai. Nach dem **Holbeinsteg,** einer Fußgängerbrücke, die das Bahnhofsviertel mit dem Museumsufer beim Städel verbindet, fahren wir links, um auf einer Rampe das Straßenniveau zu erreichen. Nach 100 Metern kommen wir zum **Main Nizza** ❽, einem erstklassigen **Restaurant mit Panoramablick,** das unten am Mainufer auch einen tollen Biergarten betreibt. Den erreichen wir zu Fuß über eine Treppe links des Gebäudes.

In Höhe des Restaurants überqueren wir über eine Fußgängerampel die Straße in eine kleine Grünanlage, an deren Ende wir auf den **Märchenbrunnen** ❾ treffen. Umgeben von Hochhäusern, Glaspalästen und tosendem Verkehr steht er da wie aus einer anderen Welt. Unbeirrt speien die bronzenen Wesen Wasser. Wir überqueren den Willy-Brandt-Platz Richtung Grünanlage an der **Euro-Skulptur** vorbei auf die gläsernen Türme der Deutschen Bank zu. Wir kreuzen Kaiserstraße und Taunusstraße in der Gallusanlage, kommen am **Schillerdenkmal** vorbei und folgen dabei stets dem Hauptweg durch die Anlagen. Nach Überque-

Ein Hauch von Mittelmeer mit Palmen, Feigenbäumen, Zitronenbäumen und südländischen Pflanzen erleben wir am nördlichen Mainufer. Dank der Südlage, des Windschattens der Kaimauern und der vom Fluss reflektierten Sonneneinstrahlung können im **„Nizza"** *in einem mediterranen Mikroklima auch exotische Pflanzen ganzjährig gedeihen.*

Märchenbrunnen

Erfrischungstour 12

rung der Junghofstraße erreichen wir bald den Brunnen vor der **Alten Oper** ❿. Beim Blick nach rechts schauen wir in Richtung Fressgass, beim Blick nach links sehen wir die **Bockenheimer Landstraße,** die wir nun auf dem Radweg auf der rechten Seite hochfahren werden. Wir achten darauf, den richtigen Überweg über die Kreuzung zu nehmen, um auch wirklich auf der

Palmengarten

Kleine Frankfurt-Runde

rechten Seite zu landen. Dann geht es entlang des Boulevards mit seinen Büro- und Geschäftsgebäuden mitten durchs Frankfurter Westend. Links in der Hausnummer 67 befindet sich das Café Laumer ⑪, eine Institution seit 1925. Zwei Straßen weiter biegen wir beim Wegweiser Palmengarten rechts ab in die Siesmayerstraße. Wir fahren durch die Allee und erreichen nach 450 Metern den Eingang zum Palmengarten ⑫ auf der linken Seite. In den Gartenanlagen und den Gewächshäusern kann man wunderbar entspannen und die Großstadt hinter sich lassen.

Wir beschließen, den Besuch zu verschieben und lieber die Radtour fortzusetzen. Dazu fahren wir direkt gegenüber dem Eingang zum Palmengarten in den Grüneburgpark und nehmen den linken Hauptweg. Wir halten uns stets links, fahren am Zaun des Botanischen Gartens entlang bis zu dessen Ende, wo links ein Weg zu einer Brücke führt und uns über mehrere Fahrspuren an der Abfahrt nach Bockenheim von der A 66 bringt. Hinter der Brücke fahren wir gleich rechts durch eine Allee mit jungen Bäumen, die an der Fahrbahn der Ausfahrt entlangführt. Nach 800 Metern endet die tunnelartige Allee vor einer Brücke über die A 66. 350 Meter weiter fahren wir auf wassergebundenem Weg bei der ersten Möglichkeit rechts, unterqueren die Autobahn und radeln wieder rechts. Nach einigen Schrebergärten biegen wir links in einen wassergebundenen Weg ab und fahren danach geradeaus. Während wir an weiteren Kleingärten zur Linken vorbeikommen, sehen wir rechts einen parkähnlichen Friedhof. Bevor wir eine Straße am Ende des Friedhofs erreichen, biegen wir links ab und nehmen bald darauf die Unterführung unter einer Bahnlinie. Hinter ihr fahren wir geradeaus weiter, müssen dazu aber unter Vermeidung der Treppen einen Schlenker nach rechts machen. Nach gut 100 Metern biegen wir rechts ab in die breite Lindenallee im Niddapark. Nach 350 Metern erreichen wir den rechts liegenden Parkplatz, wo die Tour startete.

Alles auf einen Blick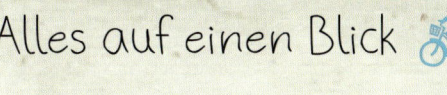

WIE & WANN:
Empfohlene Jahreszeit: Frühling bis Herbst, auch im Winter gut möglich;
weitgehend autofrei auf asphaltierten und gut befestigten Wegen;
wegen der vielen Fußgänger an der Nidda sonntags nur bedingt empfehlenswert

HIN & WEG:
Auto: Parkplatz am Niddapark, Am Ginnheimer Wäldchen (GPS: 50.140622, 8.640670)
ÖPNV: U-Bahn Station Niddapark (U 1, U 9)

ESSEN & ENTSPANNEN:
Schuch's Restaurant ❶ Alt-Praunheim 11, 60488 Frankfurt, Tel. (0 69) 76 10 05, www.schuchs-restaurant.de (Mo.–Do. ab 17, Sa./So. ab 12 Uhr)
Gasthaus Zum Schwan ❹ Höchster Schloßplatz 7, 65929 Frankfurt, Tel. (0 69) 30 06 66 56, www.zumschwan-hoechst.de
Strandbar Orange Beach ❺ Gutleutstraße 391, 60327 Frankfurt, Tel. (01 76) 10 31 43 56, www.orangebeach-frankfurt.de
Restaurant Druckwasserkraftwerk ❼ Rotfeder Ring 16, 60327 Frankfurt, Tel. (0 69) 2 56 28 77 00, www.restaurant-druckwasserwerk.de
Restaurant Main Nizza ❽ Untermainkai 17, 60329 Frankfurt, Tel. (0 69) 26 95 29 22, www.mainnizza.de
Café Laumer ⓫ Bockenheimer Landstraße 67, 60325 Frankfurt, Tel. (0 69) 72 79 12, www.cafelaumer.de

ENTDECKEN & ERLEBEN:
Niddapark (ehemaliges BUGA-Gelände) ❶; **Höchster Schloss** ❸ Höchster Schloßplatz 16, 65929 Frankfurt-Höchst; **Westhafen** ❻; **Märchenbrunnen** ❾ Willy-Brandt-Platz, 60311 Frankfurt
Alte Oper Frankfurt ❿ Opernplatz, 60313 Frankfurt, Tel. (0 69) 1 34 00, www.alteoper.de
Palmengarten ⓬ Siesmayerstraße 61, 60323 Frankfurt, www.palmengarten.de

Entspannung ✶✶✶✶✶
Genuss ✶✶✶✶✶
Romantik ✶✶✶✶✶

Schloss Philippsruhe

- 25 Kilometer
- 25 Höhenmeter
- 2-3 Stunden
- Rundtour

Erfrischungstour 13

Wir fahren vom Parkplatz zurück an die Straße, biegen auf den Geh- und Radweg nach links ab, radeln bis zur Ampel und halten uns dann hier links. Der Weg steigt nun neben der Straße in einer Rechtskurve an und führt auf einer Brücke über eine Straße und eine Bahnlinie. Von links mündet die Abfahrt der Ha-nauer Landstraße ein, die wir über einen Zebrastreifen und über hohe Bordsteinkanten überqueren. Wir fahren gleich bei der nächsten Möglichkeit links auf einer Rampe für Radfahrer und Fußgänger hinunter, wo wir unten links auf den **Uferweg** am Main abbiegen.

Der Radweg geht kurz danach in die Zufahrtstraße zu einem **Campingplatz** über. Vor dem Tor eines Reisemobilhändlers halten wir uns rechts Richtung Campingplatz. Wir lassen den Campingplatz links liegen und gelangen so auf den asphaltierten Rad- und Fußgängerweg am Mainufer. Zwischen einem Dauercampingplatz und Erdbeerfeldern stoppen wir an einer T-Kreuzung und fahren einen kurzen Abstecher nach rechts zum Fähranleger der kleinen **Rumpenheimer Strömungsfähre.** Hinter der Anlegestelle am anderen Ufer erkennen wir das **Rumpenheimer Schloss** ❶, das einen Besuch wert ist, mehr als man es von hier ahnen kann. Hier bietet sich ein Abstecher auf die andere Mainseite an. Wenn man für eine Besichtigung der Anlage die Fähre nicht auch für die Rückfahrt nehmen möchte, kann man auf dem Uferweg der anderen Mainseite 5 Kilometer flussaufwärts wei-

*Wenn man mit der Bahn anreist, nimmt man vom **Bahnhof Mainkur** (mit nettem Lokal) die vor dem Bahnhof verlaufende Straße nach rechts und hält sich an deren Ende ganz links (am besten über den Gehweg schieben), überquert die breite Hanauer Landstraße an der Ampelanlage, fährt dort links am Lokal Bier-Hannes vorbei und vor der Brücke schräg rechts zum Mainufer-Radweg.*

Perlen am Main
Zwischen Frankfurt und Hanau

Erfrischungstour 13

terfahren bis zur **Staustufe Mühlheim,** über die man wieder zurück auf das nördliche Ufer gelangt.

Wir fahren die **Zufahrtsstraße** zur Fähre zurück und biegen an der ersten Möglichkeit rechts ab, wo ein breiter, asphaltierter Weg an den Mainuferwiesen entlang und bald in einen naturbelassenen Auwald führt. Danach erscheinen links die ersten Einfamilien- und Hochhäuser von **Dörnigheim.** Wenn man vor ihnen links abbiegt, sind es nur 500 Meter zum **Restaurant Fleur de Sel** ❷ mit sehr guter französischer und trotzdem nicht teurer Küche. Wir fahren den Uferweg weiter und folgen zwischen einem Parkplatz und der Anlegestelle der **Mühlheimer Fähre** (die am Wochenende nicht in Betrieb ist) dem R 3. Zwischen Weg und Main erstreckt sich bis zum Ortsende ein langer Rasenstreifen als Liege- und Freizeitwiese, ein schöner Platz für ein Picknick.

Danach trennt der Uferweg den Main von dem

Schlossterrasse

Zwischen Frankfurt und Hanau

einzigartigen Schutzgebiet Mainaue mit seinen artenreichen Frischwiesen, das sich über 2 Kilometer bis nach Kesselstadt erstreckt. Am linken Wegrand erregt das Denkmal Kirche im Fluss ❸ aus rostigem Stahl unsere Aufmerksamkeit. Es erinnert an das erst 1989 abgerissene Laufwasserkraftwerk, ein Industriedenkmal, das hier im Main stand und optisch an eine Kirche erinnerte. Kurz darauf erreichen wir die Staustufe Mühlheim ❹.

Wir folgen dem Radweg R 3 an der Staustufe vorbei. Nach 500 Metern macht der Main eine leichte Biegung. Danach befinden wir uns im Bereich des Schlossparks Philippsruhe. Links oberhalb einer Mauer liegt der eigentliche Schlosspark, der Fußgängern vorbehalten ist. Wir bleiben auf unserem Weg und sehen wenig später links das prächtige Barockschloss ❺. Am Fuß des dem Wasser zugewandten Schlossflügels laden der Gewölbekeller und darüber die wunderschöne, modern gestaltete Schlossterrasse zu einer entspannenden Pause mit Blick auf den Main ein. Wir müssen unmittelbar nach dem Schloss links abbiegen (Richtung Altenstadt) und erreichen hier das vergoldete Tor, durch das wir direkt zum Haupteingang des Schlosses fahren können. Am linken Ende des Schlosses befindet sich der Zugang zur Schlossterrasse ❻. Wenn wir den Haupteingang im Mittelbau direkt gegenüber dem Tor nehmen, erreichen wir entweder den Eingang zum Museum und den Schauräumen des Schlosses oder über die Treppe des prächtigen Barocktreppenhauses die Beletage mit dem Marie Schlosscafé ❼.

*Am Schloss Philippsruhe warten zwei Lokale auf uns: die **Schlossterrasse** mit moderner Loungeatmosphäre unter blauem Himmel und das **Schlosscafé** in der Beletage des Schlosses unter echt barockem Stuck.*

Für die Seele

Fast steigungsfreie, abwechslungsreiche Rundtour am Main entlang, vom Rumpenheimer Schloss zum Schloss Philippsruhe und über Wilhelmsbad, Hochstadt und das Enkheimer Ried zurück.

⛵ Erfrischungstour 13

Wir verlassen den Schlosshof durch das Tor am nördlichen Ende rechts des Schlosses. Wir blicken nach rechts zum historischen Ortskern von **Kesselstadt,** wo wir das schöne Fachwerkensemble mit dem historischen Gasthaus Zum Rothen Löwen sehen. Wir belassen es beim Blick und biegen auf der gegenüberliegenden Straßenseite nach links auf den Radweg und danach an der nächsten Straße rechts ab. Über 2 Kilometer bringt uns diese Straße schnurgeradeaus bis nach **Wilhelmsbad** ❽. Aber bevor wir das Kurbad erreichen, sehen wir auf der linken Straßenseite das im Jugendstil erbaute **Wasserwerk III,** das eher an ein kleines Schlösschen als an ein Wasserwerk erinnert.

Über einen Bahnübergang, danach über eine große Kreuzung und an einem Parkplatz vorbei fahren wir in den **Staatspark von Wilhelmsbad** direkt auf die künstliche Burgruine zu. Der Hauptweg führt im Uhrzeigersinn um sie herum und danach direkt auf die ehemaligen Kurgebäude zu, die sich hier entlang der Parkpromenade aufreihen. Hier fahren wir ein kurzes Stück links und stellen dann unsere Räder in der Nähe des Besucherzentrums ab. Es lohnt in jedem Fall, sich hier eine Weile aufzuhalten, durch den Landschaftspark mit seinen Bauwerken und Sehenswürdigkeiten aus dem 18. Jahrhundert zu streifen, wie dem historischen Karussell, oder in der „Kleinen Parkwirtschaft", die seit 1785 für das leibliche Wohl der Gäste sorgt, einzukehren.

Wir setzen unsere Radtour fort, radeln an den Kurgebäuden vorbei und biegen am letzten Haus vor der Straße links auf den Parkweg ab, der wenig später nach schräg rechts den Park verlässt und in die Straße mündet, an deren Ende wir rechts in die **Hochstädter Landstraße** auf den gegenüberliegenden Fußgänger- und Radweg abbiegen. Wir fahren an schicken Villen vorbei, danach sind wir von Wald umgeben. Immer links neben der Straße radeln wir geradeaus weiter, über die Autobahn und biegen nach gut 1 Kilometer vor einer lang gezogenen Rechtskurve an einer Links-

*Der Erbprinz Wilhelm von Hessen-Kassel gründete die Kuranlage **Wilhelmsbad** 1777 mit dem Bau eines Badehauses. Bis 1785 entstanden weitere Gäste- und Gesellschaftshäuser wie der Arkadenbau, der Kavaliersbau und das Komödienhaus. Das Gebäudeensemble ist umgeben von einem weitläufigen Landschaftsgarten im englischen Stil mit künstlicher Burgruine, Pyramide und einem historischen Karussell aus dem Jahr 1789.*

Hochstadt

Zwischen Frankfurt und Hanau

abzweigung ab (gelbes Schild mit Fahrradsymbol). Wir fahren auf dem asphaltierten Sträßchen weiter, biegen an der nächsten Kreuzung links ab Richtung Dörnigheim und Bischofsheim und vor einem Spielplatz gleich wieder nach rechts auf einen sandigen Weg zwischen Schrebergärten. Danach unterqueren wir eine Landstraße und halten uns bei nächster Gelegenheit links.

Am Ortsanfang treffen wir auf eine Straße von Hochstadt und biegen hinter der gegenüberliegenden Tankstelle rechts in die Bahnhofstraße ein, der wir bis an ihr Ende folgen, wo sie zu einer schmalen Gasse wird und auf die Hauptstraße im historischen Ortskern von Hochstadt ❾ trifft. Es lohnt sich, mit einem kurzen Abstecher die malerische, kopfsteingepflasterte Straße nach rechts bis zum Stadttor hochzufahren. Wir radeln die holprige Straße hinunter durch die gesamte Altstadt, wonach sie in die Altkönigstraße übergeht. An ihrem Ende, wo die Vorfahrtsstraße rechts abknickt, warten zwei nette, gut besuchte Lokale auf radelnde Gäste: die Gaststätte Zum Neuen Bau ❿ und nebenan das Café Pearson & Puppe ⓫.

Wir setzen die Fahrt so fort, wie wir gekommen sind, geradeaus weiter durch eine für Autos gesperrte Engstelle in die Altkönigstraße. Der Straße folgen wir durch ein Wohngebiet bis zu einer T-Kreuzung, biegen rechts ab und die nächste Straße wieder links. Vor einem Wohnblock biegen wir rechts ab in eine Sackgasse, die in einen schmalen Weg übergeht und uns nach ein paar Metern zu einem Radweg vor einer Straße führt, auf den wir links abbiegen.

Wir rollen leicht bergab, werden links um eine Kurve geführt und unterqueren automatisch eine Straße durch eine Unterführung. Dahinter halten wir uns rechts. Wenig später führt der Weg wieder an eine Straße heran. Wir folgen dem Verlauf des Radweges, der mit R 4 und mit Richtung Karben bzw. Maintal-Bischofsheim beschildert ist. In der Ortsmitte von Bischofsheim endet der Radweg für uns an einer Fuß-

Erfrischungstour 13

gängerampel, an der wir die Straßenseite wechseln können, um dann auf der Straße durch den Ort weiterzufahren. Hier verlassen wir den R 4. Wir folgen stattdessen immer dem Verlauf der Straße, die am Ortsende in einen breiten, asphaltieren Weg übergeht und uns durch eine Kleingartenanlage hindurchführt.

Nach den Schrebergärten verläuft der Weg an einem der ältesten hessischen Naturschutzgebiete entlang, dem **Enkheimer Ried.** Am Waldrand stößt er auf eine T-Kreuzung, wo wir links und danach sofort rechts abbiegen. Ab hier fahren wir bis ans Ziel durch ein schönes Waldgebiet. Schließlich geht der Bach in den **Riedteich** über, den wir durch das Dickicht mehr ahnen als sehen können. Aber am Ende des Sees können wir rechts abbiegen und auf eine Erhöhung gehen. Auf einer Bank lässt sich der schöne Blick auf das Biotop genießen.

Wir steigen wieder auf unsere Räder und fahren zurück zur Kreuzung, wo wir zuletzt abgebogen waren, und radeln hier geradeaus weiter, links von uns der Wald, rechts Streuobstwiesen. Wir folgen dem Weg immer geradeaus, der bald wieder in den Wald eintaucht. Wir überqueren die **A 66** auf einer Brücke und rollen weiter bis zur nächsten Kreuzung, an der wir scharf rechts abbiegen. Der Weg ist mit der Markierung **„Grüngürtel"** gekennzeichnet. Ein langer, schnurgerader, gut ausgebauter Waldweg liegt vor uns. Nach knapp 800 Metern biegen wir links ab und folgen wieder der Grüngürtel-Markierung. Links hinter einem Jägerzaun befindet sich der Waldspielpark Heinrich-Kraft-Park, von dessen Parkplatz wir gestartet sind. An der Kreuzung sehen wir links von uns den Parkplatz. Den **Bahnhof** erreicht man, indem man hier geradeaus bis zur Straße fährt, dort rechts und an der gleich folgenden Kreuzung links abbiegt in die Vilbeler Landstraße. Von dort gelangt man durch eine Unterführung, hinter der man links abbiegt zum Regionalbahnhof Frankfurt-Mainkur.

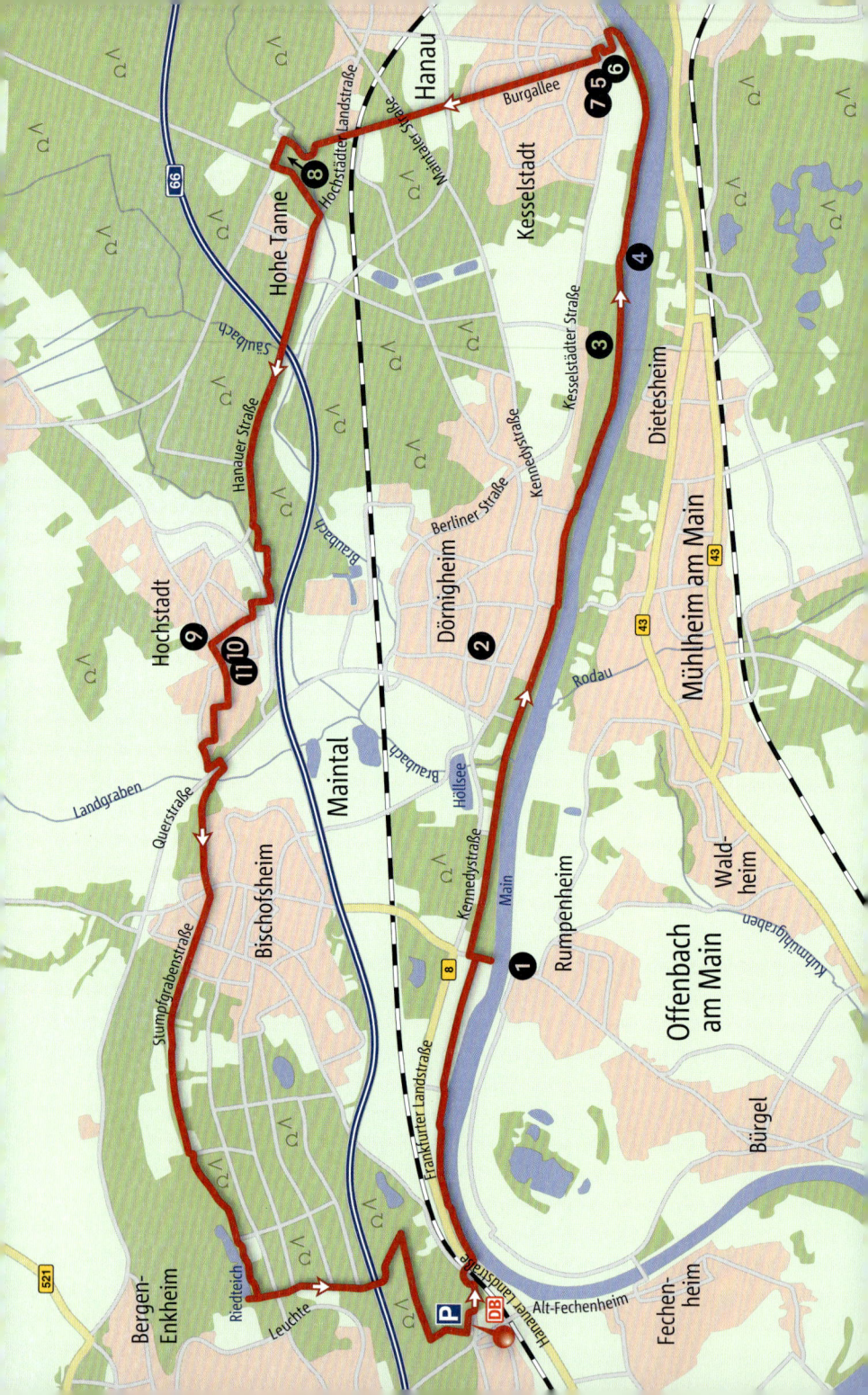

Alles auf einen Blick

WIE & WANN:
Das ganze Jahr möglich, empfohlene Jahreszeit: Frühling bis Herbst;
weitgehend autofrei auf Asphalt und wassergebundenen Wegen

HIN & WEG:
Auto: Parkplatz am Waldspielpark Heinrich-Kraft-Park in Frankfurt (GPS: 50.136231, 8.765496)
ÖPNV: Bf. Frankfurt-Mainkur (RB, RE, Straßenbahn Linie 11)

ESSEN & ENTSPANNEN:
Restaurant Fleur de Sel ❷ Florscheidstraße 19, 63477 Maintal,
Tel. (0 61 81) 9 68 33 85, www.restaurant-fleurdesel.de
Gastronomie Schlossterrasse ❻ Philippsruher Allee 45, 63454 Hanau,
Tel. (0 61 81) 5 07 78 00, www.schlossphilippsruhe-hanau.de
Marie Schlosscafé ❼ Philippsruher Allee 45, 63454 Hanau, Tel. (0 15 75) 5 16 47 26
Gaststätte Zum Neuen Bau ❿ Hauptstraße 44, 63477 Maintal-Hochstadt,
Tel. (0 61 81) 4 28 38 80, www.zum-neuen-bau.de
Café Pearson & Puppe ⓫ Hauptstraße 44, 63477 Maintal-Hochstadt,
Tel. (0 61 81) 4 27 53 22, www.pearson-puppe.com

ENTDECKEN & ERLEBEN:
Rumpenheimer Schloss ❶ Rumpenheimer Schloßgasse, 63075 Offenbach
Denkmal Kirche im Fluss ❸
Staustufe Mühlheim ❹
Schloss Philippsruhe ❺ Philippsruher Allee 45, 63454 Hanau,
Tel. (0 61 81) 2 95-1799, www.hanau.de
Wilhelmsbad ❽
Historischer Ortskern Hochstadt ❾

Entspannung ✸✸✸✸✸
Genuss ✸✸✸✸✸
Romantik ✸✸✸✸✸

Erfrischungstour 14

Nachdem wir einen Parkplatz in der Dr.-Herrmann-Straße vor dem denkmalgeschützten **Bahnhofsgebäude Mainz-Gustavsburg** gefunden haben, beginnen wir unsere Tour, indem wir auf der Einbahnstraße bis zu deren Ende fahren, rechts abbiegen und über den beschrankten Bahnübergang radeln. Wir folgen der Straße und biegen an der nächsten Kreuzung mit Ampelanlage rechts ab in die Straße Am Weiherfeld in ein modernes Gewerbegebiet. Am Ende der Straße biegen wir links ab. Nach etwa 50 Metern, wo die Straße rechts abknickt, folgen wir geradeaus dem Fahrradweg, beschildert mit **R 6,** auf einen Deich. Von hier oben haben wir einen schönen Blick auf den naturbelassenen Auenwald am Rheinufer. Nach etwa 1,5 Kilometern unterqueren wir die Autobahn **A 60.** Gut 0,5 Kilometer weiter stoßen wir auf einen gepflasterten Weg, der den Deich überquert. Hier biegen wir rechts ab. Der Straßenname „An der Schiffsmühle" verrät schon unseren ersten Stopp. Die holprige Piste endet unmittelbar an einer Schiffsrampe, wo wir links die angekündigte **Historische Rheinschiffsmühle Ginsheim** sehen.

Wir folgen nun dem Uferweg weiter Richtung Süden, rechts von uns sehen wir den **Ginsheimer Altrhein** vor der Insel Langenau, auf die wir gleich mit der Fähre übersetzen werden. Auf der Höhe von **Ginsheim** wird aus dem Uferweg ein Fußweg, sodass wir nach links auf einen der Parallelwege ober- oder unterhalb der Hochwasserschutzmauer ausweichen müssen. Kurz

> Ginsheim hat eine jahrhundertealte Schiffsmühlentradition. Im 19. Jh. waren bis zu 21 Mühlen gleichzeitig im Altrhein verankert, die zum Mahlen von Getreide dienten. Die letzte der **Ginsheimer Mühlen** arbeitete bis 1928 und wurde im Zweiten Weltkrieg zerstört. Seit 2011 steht am Rheinufer ein Nachbau, der an Wochenenden besichtigt werden kann.
> www.schiffsmuehle-ginsheim.de

Rhein-Main pur
Große Mainspitz-Runde

Erfrischungstour 14

> Sollte man die Tour an einem **Montag** machen, wenn die Fähre Ruhetag hat, oder bei **Hochwasser**, wenn der Damm am Südende der Insel Langenau unpassierbar ist, kann man alternativ ab Ginsheim auf dem R 6 bleiben, bis man nach 6 km auf den beschriebenen Weg trifft.

danach erreichen wir den Hafen mit altem Kran und Anlegestelle der Altrheinfähre Johanna ❷. Bis es so weit ist, kann man entweder auf einer der Bänke oder in dem nahe gelegenen, netten Café Rheingenuss ❸ warten.

Auf der Insel Langenau fahren wir zunächst geradeaus bis zu einer Gabelung, wo wir nach links dem Wegweiser „Hofgut Langenau" folgen. Wir radeln auf einem klassischen Feldweg, der bald einen Schlenker nach rechts macht, kurz darauf nach links. Danach führt er lange geradeaus. Rechts von uns in den Auenwiesen fallen uns unendlich viele neu angepflanzte Laubbäume auf. Bei ihnen handelt es sich um Ersatzpflanzungen der Fraport für die beim Bau der neuen Landebahn gefällten Bäume. Nach längerer Fahrt taucht unvermittelt hinter einer Gruppe alter, riesiger Bäume das Hofgut Langenau ❹ mit seinem großen Innenhof und seiner Gutsschänke auf und bietet sich für eine Pause an.

Altrheinfähre Johanna

Große Mainspitz-Runde

Erholt schwingen wir uns wieder auf die Räder. Wir verlassen den Hof auf der der Zufahrt gegenüberliegenden Seite und setzen unsere Tour fort. Wir passieren zwei Dauercampingplätze, kurz danach lädt der **Wirtsgarten am Steindamm** ❺ zur Einkehr ein. Danach holpern wir über den **Steindamm,** der seinen Namen offensichtlich dem vorchristlichen Pflaster verdankt und die Insel mit dem Festland verbindet. Wir entscheiden uns zum Wohle unserer Räder, diese lieber zu schieben. Dabei genießen wir den Blick auf den romantischen Altrheinarm.

Auf dem **Festland** angekommen, folgen wir dem Wegverlauf und fahren durch ein Tor in einem Hochwasserdeich weiter geradeaus. Hier am Deich kreuzen wir den **R 6,** über den man kommt, wenn man die Insel Langenau umgeht. Nach etwa 2 Kilometern missachten wir den nach rechts zeigenden Radwegweiser und gelangen zu einer kleinen Brücke, die über den **Schwarzbach** führt. Hier lohnt sich ein Blick in beide Richtungen über den romantischen, träge dahinfließenden, von Pappeln gesäumten Bach. Der Schwarzbach fließt durch das ursprüngliche Bett des Altneckars, der bis vor 10.000 Jahren erst hier oben in den Rhein mündete.

Der weitere Weg führt uns in den Ort **Trebur** auf der Hauptstraße, hier zunächst noch fast ohne Autoverkehr. An der folgenden Abzweigung treffen wir auf die Durchgangsstraße und fahren hier geradeaus weiter auf dem für Radfahrer freigegebenen Gehweg bis zur nächsten großen Kreuzung, wo die Vorfahrt-

> Im Innenhof des **Hofguts Langenau** stehen reichlich Bierzeltgarnituren zur Verfügung. Auf der Rückseite des Gebäudes mit der Essensausgabe befindet sich eine schöne Terrasse mit Blick auf den Rhein. Empfehlenswert sind Handkäs mit Musik und vor allem der Apfelwein. Man kann vorbeiziehenden Schiffen zusehen und zum Strand gehen und Muscheln sammeln.

Für die Seele

Abwechslungsreiche Tour entlang der Auenlandschaft des Rheins, zur aussichtsreichen Mainspitze und zu unbekannten Industriedenkmälern zwischen Mainz und Rüsselsheim.

Schwarzbach

Große Mainspitz-Runde

straße rechts abknickt. Hier radeln wir geradeaus in die Nauheimer Straße, der wir bis zur Kreuzung am Ortsende folgen, wo wir auf den Fahrradweg auf der linken Straßenseite wechseln. Über den zur Landstraße parallel führenden Weg fahren wir zunächst an riesigen, flurbereinigten Feldern vorbei, später an einem idyllischen Gebiet mit ursprünglichen Streuobstwiesen, die sich mit kleinen Spargelfeldern und Gärten abwechseln. Wir erreichen den Ortsanfang von **Nauheim,** wo der Fahrradweg endet. Um die Fahrt zunächst geradeaus in die Bahnhofstraße fortzusetzen, nutzen wir hierfür sicherheitshalber die Fußgängerüberwege. Die Bahnhofstraße endet an der Gleisanlage, die wir über die Unterführung unterqueren. Wir verlassen die Unterführung und radeln am Bahnhof vorbei die Straße an den Bahngleisen entlang. Direkt gegenüber dem Bahnhof liegt für eine Einkehr das gutbürgerliche Restaurant **Hessischer Hof.**

Wenn die Straße nach rechts abknickt, radeln wir sofort links in die Alte Mainzer Straße. Unmittelbar nachdem wir eine Betonbrücke unterquert haben, biegen wir links in einen schmalen Weg ab, auf dem wir vor den Bahngleisen gleich wieder nach rechts fahren. Wir folgen dem Wegverlauf neben den Gleisen knapp 700 Meter, bis er nach rechts in einen Akazienwald führt und wir kurz danach die nächste Abzweigung nach links Richtung Bischofsheim wählen. Nach fast 1 Kilometer erreichen wir eine Landstraße, die wir überqueren. Am Ende eines kleinen Parkplatzes am Waldrand fahren wir links Richtung Bischofsheim in den Wald hinein. Nach gut 0,5 Kilometern wird der Wald lichter und trifft erneut auf die Bahngleise. Wir sind vorwiegend von Kiefern umgeben, die den typischen Duft von mediterranen Pinienwäldern ausstrahlen. Wir atmen die würzige Luft tief ein, bevor wir den Weg entlang der Bahntrasse fortsetzen. An der nächsten Abzweigung biegen wir rechts ab, dem Wegweiser **„Alte Opel-Rennbahn"** ❻ folgend. Nach 150 Metern erreichen wir eine Ga-

Erfrischungstour 14

belung, an der wir uns gleich leicht rechts halten werden. Zuvor aber lesen wir auf einer kleinen Tafel, dass sich an diesem Weg die Reste einer ehemaligen Renn- und Teststrecke der Adam Opel AG befinden, die heute vom Wald überwuchert sind.

Unser Weg führt nun weiter immer entlang des Ovals der Rennstrecke, wo wir noch deutlich die Form der Steilwandkurve erkennen können. Nach 850 Metern erreichen wir das nördliche Ende der Rennbahn, wo heute eine Aussichtsterrasse mit Infotafeln den Blick freigibt auf einen kleinen Teil der freigelegten, betonierten Fahrbahn.

Unser Weg führt nun im rechten Winkel Richtung Norden weiter. Nach 300 Metern treffen wir auf eine T-Kreuzung und biegen links ab Richtung Naturschutzgebiet Wüster Forst. Wir überqueren die breite Landstraße nach Rüsselsheim und tauchen wieder in den Wald ein, wo wir bald auf den „Fünfmärker Stein" im Naturschutzgebiet Wüster Forst treffen. Der Stein markiert eine Stelle, an der bereits vor Jahrhunderten die Grenzen von fünf Gemarkungen zusammenstießen.

*Die heute im idyllischen Wald liegenden Reste der **Opel-Rennbahn** lassen nur noch ahnen, dass sich hier seit den 1920er-Jahren das innovative Bauwerk einer ovalen Rennstrecke mit Steilwandkurven befand, das als Test- und Rennstrecke diente. Auf ihr wurden internationale Autorennen ausgetragen, die bis zu 50.000 Zuschauer anzogen. 1928 testete Fritz von Opel hier sein Raketenauto.*

Alte Opel-Rennbahn Rüsselsheim

Erfrischungstour 14

Am Alten Gerauer Weg

Der Weg verlässt das dichte Grün über einen Schlenker nach links und wieder nach rechts. Rechts hiner den Bäumen liegt das Naturschutzgebiet **Wüster Forst.** Vor der Bahnlinie biegen wir rechts in den Wald ab. An der nächsten Abzweigung biegen wir links ab Richtung Mainz. Auf einer kleinen Brücke überqueren wir eine Straße und biegen unmittelbar danach rechts ab. Danach halten wir uns geradeaus Richtung Mainz. Wir nähern uns den Bahngleisen und unterqueren neben ihnen die Autobahnbrücke der **A 60.** Entlang der Bahnlinie folgen wir weiter dem schlecht ausgebauten Weg, bis wir nach knapp 1 Kilometer die Brücke einer Bahnüberführung unterqueren. Dahinter halten wir uns rechts und biegen an der nächsten Möglichkeit zweimal rechts ab und fahren nun auf der Brücke über die Bahnlinie. Danach biegen wir an der nächsten Möglichkeit scharf

Große Mainspitz-Runde

rechts ab und dann gleich links in ein Industrie- und Gewerbegebiet. Dieser Straße folgen wir bis zu einer T-Kreuzung, biegen dort nach rechts und wieder links ab. Nachdem wir eine Industriehalle passiert haben,

sehen wir links einen Reiterhof und riesige Pferdekoppeln. Rechts des Wegs beginnt der Güter- und Rangierbahnhof Mainz-Bischofsheim, die größte Zugbildungsanlage im Rhein-Main-Gebiet.

Wenn wir die ersten Wohnhäuser von Bischofsheim erreichen, fahren wir geradeaus in den Alten Gerauer Weg, anstatt links dem Symbol für den Radweg zu folgen. Rechts sehen wir das sanierte, ehemalige Trafohaus der Bahn im Bauhausstil und der Bau eines ehemaligen Lokschuppens. Dank des im 19. Jahrhundert entstandenen Güter- und Verschiebebahnhofs wurde aus dem Dorf Bischofsheim eine Eisenbahnergemeinde. 1927/28 entstand die Wohnsiedlung „Am Alten Gerauer Weg" ❼ im Stil der Moderne, die im Volksmund „Jerusalem" genannt wird, und die wir wenige Meter weiter links sehen.

Mainbrücke bei Gustavsburg

Erfrischungstour 14

Der weitere Verlauf der Straße mündet in die Mainstraße, in die wir rechts abbiegen, an deren Ende links und die nächste wieder rechts in die Taunusstraße. An deren Ende wiederum fahren wir nach links in die Frankfurter Straße und überqueren die nächste größere Kreuzung. Auf dem gegenüberliegenden Fahrradweg radeln wir nach rechts auf eine Brücke über Bahngleise. An der Kreuzung auf der Brücke fahren wir geradeaus und schrauben uns nach der Brücke über eine Schnellstraße in einer Rechtskurve wieder nach unten. Kurz vor einer Ampelanlage biegen wir links in einen Weg ab und stehen vor dem **Biergarten am Brunnen** ❽, der zu einer verdienten Rast vor dem Endspurt einlädt.

Wir nehmen den Radweg, der vor dem Biergarten nach links führt, folgen ihm bis an die Schnellstraße, wo er zu dieser parallel weiter verläuft und kommen auf der Höhe der Autobahnauffahrt Gustavsburg zu einer Kreuzung mit mehreren Wegen. Wir fahren links in den Tunnel unter der Autobahn Richtung Mainspitze. Wir halten uns leicht rechts auf dem Radweg entlang eines Hochwasserdeichs. Vor uns sehen wir eine schöne, **historische Eisenbahnbrücke** ❾, die seit 1904 mit einer Länge von fast 300 Metern den Main überspannt.

Wir unterqueren die Brücke und müssen die vor uns liegende **Schleusenanlage** umfahren. Bald sind wir aber wieder direkt am Mainufer und folgen dem Radweg, bis wir die Straßenbrücke, die Gustavsburg mit Kostheim verbindet, unterqueren. Wir halten uns links und erreichen in einem parkähnlichen Gelände eine Kreuzung. Wenn wir hier geradeaus fahren würden, hätten wir schnell den Bahnhof Mainz-Gustavsburg erreicht und wären am Ziel. Da wir uns aber die Mainspitze nicht entgehen lassen wollen, biegen wir deshalb rechts ab.

Zunächst kommen wir noch am **Biergarten am Burgpark** ❿ vorbei, letzte Einkehrmöglichkeit auf der Tour. Der weitere Weg bringt uns an eine Gleisanla-

Mainspitze

ge, die wir gleich wieder nach schräg rechts verlassen, dann aber nach 50 Metern links abbiegen. Ab hier folgen wir dem Radweg bis zur Mainspitze ⑪ und lassen uns auf einer der Sitzgelegenheiten nieder. Hier haben wir nun den Punkt erreicht, an dem Main und Rhein zusammenfließen, direkt zu unseren Füßen. Wir fühlen uns von unendlich viel Wasser umgeben, gegenüber sehen wir die Silhouette von Mainz und in der Mitte den Dom mit seinen Türmen. Weiter rechts überspannt die Theodor-Heuß-Brücke den Rhein und verbindet die beiden Landeshauptstädte Mainz und Wiesbaden miteinander. Weiter rechts sehen wir den Main auf seinen letzten Metern, bevor er seinen Namen verliert.

Um zum Ausgangspunkt der Tour zurückzugelangen, nehmen wir zunächst denselben Weg, den wir gekommen sind. Da, wo wir wieder auf die Bahnlinie treffen, bleiben wir nun auf dem Weg, der direkt an ihr entlangführt und uns zum Bahnhof Mainz-Gustavsburg und in die Straße bringt, in der wir geparkt haben.

Alles auf einen Blick

WIE & WANN:
Empfohlene Jahreszeit: Frühling bis Herbst; an Montagen ist die Insel Langenau gesperrt; weitgehend autofrei auf Asphalt und wassergebundenen Wegen; Fährverbindung wochentags stündlich, am Wochenende halbstündlich, Montag kein Fährbetrieb

HIN & WEG:
Auto: Parkplatz in der Dr.-Herrmann-Straße am Bf. Mainz-Gustavsburg (GPS: 49.994636, 8.315173)
ÖPNV: Bf. Mainz-Gustavsburg (S 8)

ESSEN & ENTSPANNEN:
Café Rheingenuss ❸ Dammstraße 33, 65462 Ginsheim-Gustavsburg,
Tel. (0 61 44) 4 02 39 20, www.rheingenuss-ginsheim.de (Mo.–Fr. ab 13, Sa./So. ab 9 Uhr)
Hofgut Langenau ❹ 65468 Trebur, Tel. (0 61 44) 22 85, www.hofgut-langenau.de
Wirtsgarten am Steindamm ❺ Am Steindamm 33, 65468 Trebur,
Tel. (0 61 47) 88 55, www.steindamm-trebur.de
Biergarten am Brunnen ❽ Ulmenstraße 3, 65474 Bischofsheim, Tel. (0 61 44) 4 14 87
Biergarten am Burgpark ❿ Auf der Mainspitze 21, 65462 Ginsheim-Gustavsburg,
Tel. (0 15 20) 8 76 40 01, www.biergarten-am-burgpark.de

ENTDECKEN & ERLEBEN:
Historische Rheinschiffsmühle Ginsheim ❶ An der Schiffsmühle 1, 65462 Ginsheim-Gustavsburg,
Tel. (01 57) 37 05 27 22, www.schiffsmuehle-ginsheim.de
Altrheinfähre Johanna ❷
Alte Opel-Rennbahn ❻ 65428 Rüsselsheim am Main, www.regionalpark-rheinmain.de
Wohnsiedlung „Am Alten Gerauer Weg" ❼ Am Alten Gerauer Weg, 65474 Bischofsheim
Historische Eisenbahnbrücke ❾
Mainspitze ⓫

Entspannung ✹✹✹✹✹
Genuss ✹✹✹✹✹
Romantik ✹✹✹✹✹

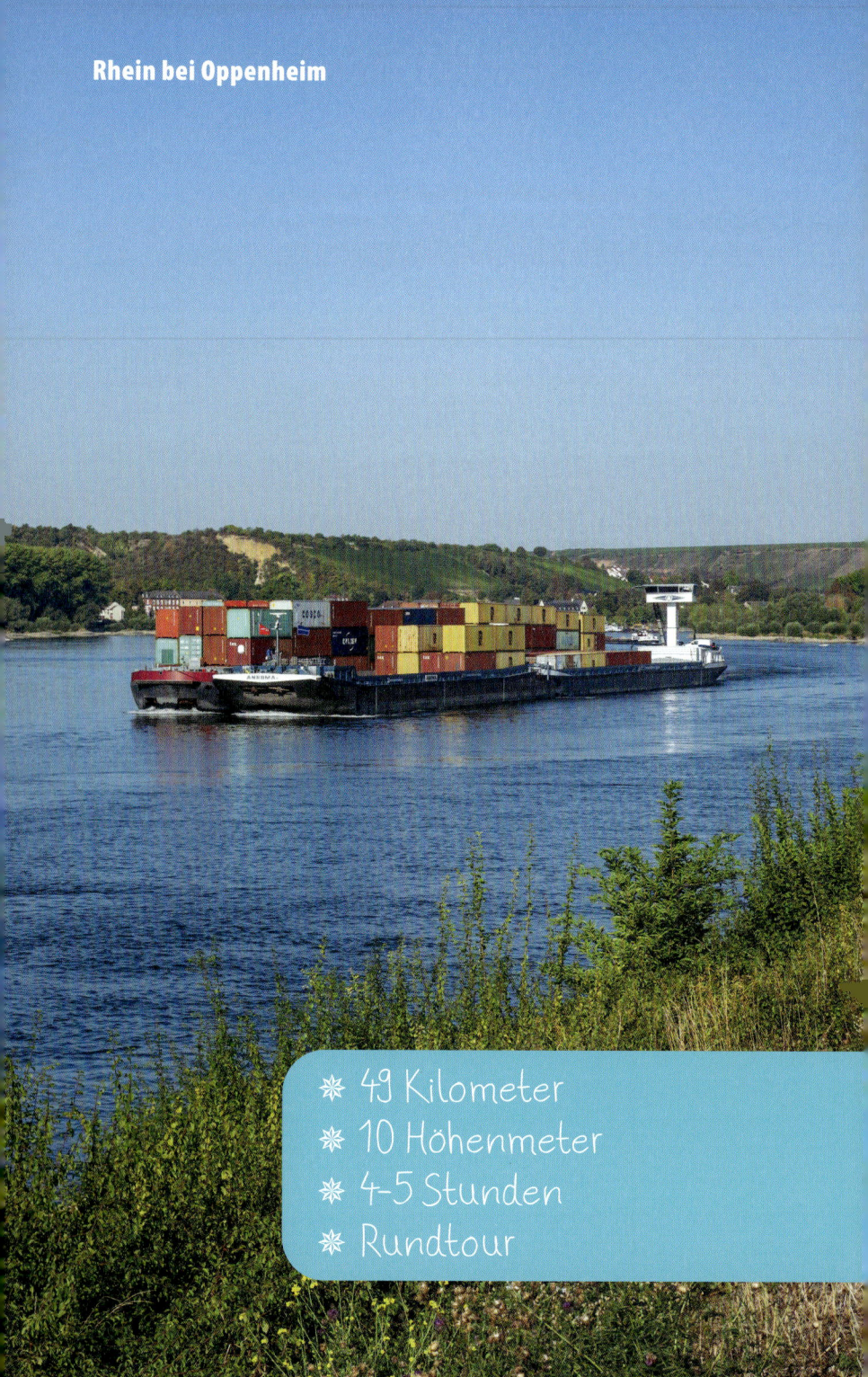

Rhein bei Oppenheim

- ✹ 49 Kilometer
- ✹ 10 Höhenmeter
- ✹ 4-5 Stunden
- ✹ Rundtour

Erfrischungstour 15

Wir verlassen den Parkplatz „An der Festwiese" mit den Fahrrädern über die Einfahrt, fahren an der ersten Möglichkeit links und gleich wieder rechts in die Rheinstraße. Wir biegen in die nächste Straße nach dem Sportplatz rechts ab und am Ende dieser Straße links in die Fährstraße. Kurz vor der Kreuzungsampel radeln wir rechts in den Fahrradweg, der uns zum **Hafen** bringt und an diesem entlangführt. Kurz vor dem Ende des Hafenbeckens mündet der Radweg in die Bundesstraße 9, wo wir auf dem Rad- und Fußweg ein kurzes Stück weiterfahren, bis wir an der nächsten Abzweigung rechts hinunter zum **Fähranleger** ❶ rollen. Hier müssen wir nicht lange warten, da die Fähre alle 20 Minuten zum gegenüberliegenden hessischen Ufer ablegt. Das Ticket lösen wir während der Überfahrt beim Fährmann.

Wir verlassen kurze Zeit später die **Fähre** in **Kornsand** über eine relativ steile Rampe. Rechter Hand befindet sich unter riesigen, alten Bäumen der **Imbiss** „**Zum Fährstübchen**" ❷ mit Biergarten. Wenige Meter weiter steht rechts ein Automat eines Hofladens, an dem man Äpfel, Konserven und andere Lebensmittel kaufen kann. Uns ist es aber noch zu früh für eine Pause, weshalb wir auf der Landstraße weiterradeln und den kleinen Weiler Kornsand hinter uns lassen.

Nach etwa 1 Kilometer führt die Straße unmittelbar nach der ersten Linkskurve durch einen Deich. Hier verlassen wir die Straße nach rechts auf den Fernradweg R 6 Richtung **Erfelden,** der uns direkt auf

Endlos Blau & Grün

An den Wassern des Altrheins

Erfrischungstour 15

> **!** Ein Teil der Radwege führt auf **Deichen** entlang. Bei starkem Wind kann es dort oben recht ungemütlich werden. Meist kann man alternativ dann einen parallel verlaufenden, asphaltierten oder betonierten Weg nehmen.

die Deichkrone führt. Der Weg ist nicht asphaltiert, aber gut befahrbar. Alternativ könnte man bei starkem Wind dem betonierten Weg links am Fuß des Deichs folgen. Wir entscheiden uns aber für den Weg auf dem Deich wegen des schönen Blicks auf das hessische Ried, linker Hand mit seinen Feldern, Bäumen und Bauernhöfen und rechts auf die Auenlandschaft am Rheinufer.

Nach einigen Hundert Metern werden die landwirtschaftlichen Flächen vom Grün des Naturschutzgebiets **Riedwiesen von Wächterstadt** abgelöst. Rechts haben wir nun einen herrlichen Blick auf das blaue Band des Rheins und die zahlreichen Schiffe. Wenig später sehen wir links direkt am Weg eine **Satellitenmessstelle** der Bundesnetzagentur mit zwei Parabolantennen. Wir bleiben auf dem R 6, der weiter auf

Knoblochsaue

An den Wassern des Altrheins

dem Deich entlangführt. Bald kommen wir an der alten **Pumpstation Kammerhof** vorbei, danach erkennen wir hinter den Weiten des Rieds mit seinen Feldern und alten Bäumen die Hügelkette der Bergstraße mit dem Melibokus am Horizont.

Wenig später müssen wir den Deich nach rechts verlassen und bleiben weiter auf dem R 6. Hier tauchen wir nun in das **Naturschutzgebiet Knoblochsaue** ein. Wir fahren an Wiesen und alten Bäumen vorbei, bis der Weg in einen dichten, urwaldähnlichen Wald eintaucht. Nach langer, gerader Strecke biegen wir an einer T-Kreuzung links ab. Nach 600 Metern führt rechts an einer grünweißen Schranke ein Weg zur **Schwedensäule** ❸, ein Obelisk von 1632. Zurück auf dem Hauptweg verlassen wir am Ende des Waldes das Naturschutzgebiet und holpern ein paar Hundert Meter weiter auf einer unkomfortablen Kopfsteinpflasterpiste, bis wir auf dem R 6 rechts auf einen asphaltierten Weg abbiegen dürfen. Vor einem Anglerteich halten wir uns links. Nach recht langer Fahrt durch unbewohnte und abwechslungsreiche Landschaft, werden wir wieder auf einen Deich geführt.

Bald erreichen wir am Ortsrand von **Erfelden** erneut die Zivilisation. Wir bleiben zunächst auf dem Deichweg, der vor den ersten Häusern rechts abknickt. Dem Wegweiser R 6 folgend, verlassen wir den Deich schräg links und kommen auf die Straße parallel des Damms, dem wir bis zur Einmündung in eine Vorfahrtstraße folgen. Dort biegen wir rechts ab. Nach wenigen Metern erkennen wir rechts am Altrheinarm

*Das Naturschutzgebiet **Kühkopf-Knoblochsaue** am Altrhein ist das größte Auengebiet des nördlichen Oberrheins. Der Kühkopf liegt an einer Altrheinschleife, die 1828/29 durch die Begradigung des Rheins zur Insel wurde. Die UNESCO zeichnete das Naturschutzgebiet mit dem Prädikat „Europareservat" aus.*

 Für die Seele

Entspannte Rundtour überwiegend durch Natur ohne jegliche Steigung entlang des Rheins und seiner Altarme, durch Auenlandschaften und Naturschutzgebiete.

Erfrischungstour 15

Ölförderpumpe

eine Terrasse mit Bänken und Tischen für eine Rast mit Blick auf das Naturschutzgebiet **Kühkopf.**

Wir erreichen die Insel, indem wir den Altrhein über die Fußgänger- und Radlerbrücke überqueren und in ein Dickicht aus Wald und Schilf eintauchen. An der ersten Abzweigung fahren wir links (R 6). An der nächsten Kreuzung im Wald verlassen wir nun kurz den R 6, indem wir links abbiegen (Wegmarkierung 2 und 3). Der Weg führt weiter durch den verwunschenen Wald, links von uns ist ein mit Schilf bewachsener Altrheinarm. Wenn der schmale Waldweg auf den hier betonierten Hauptweg stößt, biegen wir rechts ab und stehen nach wenigen Metern vor einer alten **Ölförderpumpe** ❹, die wir hier nie erwartet hätten. Eine Tafel informiert uns, dass hier bis 1994 noch Öl gefördert wurde.

Wir fahren zurück auf dem betonierten Hauptweg bis zur Straßenbrücke, die den Kühkopf mit Stockstadt auf dem Festland verbindet. Unmittelbar vor der Brücke kann man nach rechts zum denkmalgeschützten **Hofgut Guntershausen** mit seinem **Informationszentrum** ❺ über das Naturschutzgebiet abbiegen.

> In den behutsam restaurierten Stallungen des 1580 erbauten **Hofguts Guntershausen** befindet sich das Informationszentrum für das Naturschutzgebiet, in dem man in der Dauerausstellung „Mitten im Fluss" sehr anschaulich mehr über die Kultur und Geschichte dieser Auenlandschaft erfahren kann (Di.–Fr. 14–18, im Winter –17, Sa./So./Feiertag 9–18 Uhr).

Pappeln am Rheinufer

Rheinfähre Biebesheim

An den Wassern des Altrheins

Wir überqueren den **Stockstadt-Erfelder Altrhein** auf der Brücke und biegen vor den ersten Häusern rechts auf den Fahrradweg **R 6** Richtung Gernsheim ab. Rechter Hand vom Deich sehen wir einen Spielplatz und Tennisplätze. Nicht mehr erkennbar ist, dass sich genau hier der **Stockstädter Rheinhafen** bis zur Rheinbegradigung 1829 befand. Er wurde bereits in der zweiten Hälfte des 16. Jahrhunderts von den Landgrafen von Hessen-Darmstadt angelegt, um Waren in die Residenzstadt zu bringen. Von der Deichkrone haben wir einen schönen Blick auf die ausgedehnten Streuobstwiesen rechter Hand. Wo der Deich nach links abknickt, verlassen wir diesen geradeaus auf dem **R 6.** Nach einem Brückchen über einen Kanal biegen wir links ab (R 6). Kurz danach überqueren wir einen Deich und sehen uns umgeben von weiten Getreidefeldern. An der nächsten T-Kreuzung fahren wir rechts und danach links.

Einige Zeit später treffen wir auf eine **Landstraße,** auf die wir, dem R 6 folgend, rechts abbiegen. Ein Hinweisschild empfiehlt hier, bei Hochwasser einer Umleitung geradeaus zu folgen. Nach fast 2 Kilometern endet die Straße abrupt direkt an einer Schiffsrampe am **Rheinufer.** Auch wenn es hier keine Bänke gibt, lohnt sich die Rast am feinem Sandstrand. Vor uns liegt das blaue Band des Rheins mit seinen hohen Bäumen am gegenüberliegenden Ufer.

Wir schwingen uns auf die Räder und fahren auf dem **R 6** unter alten Bäumen entlang des **Rheinufers** Richtung Süden, sodass der Fluss rechts von uns liegt. 7 Kilometer liegen noch vor uns, bis wir die Autofähre erreichen, die uns wieder an das rheinlandpfälzische Ufer bringt. Der geschotterte Weg ist zunächst wenig komfortabel. Ab einem Dauercampingplatz ist er zwar asphaltiert, aber auf ähnlich niedrigem Niveau. Wir folgen dem Weg noch weitere 3 Kilometer, bis wir in **Gernsheim** auf eine recht stark befahrene Straße treffen und auf diese rechts abbiegen.

Hier ist es vorübergehend vorbei mit Natur und

Erfrischungstour 15

Oppenheim

Idylle. Zunächst können wir auf dem separaten Fahrradweg bleiben, müssen aber bald auf der Fahrbahn auf einem markierten Streifen weiterfahren, vorbei an einem Chemieunternehmen, einer riesigen Malzfabrik und den Hafenanlagen von Gernsheim. Am Ende der Industrieanlagen, kurz nachdem links die ersten Wohnhäuser zu sehen sind, dürfen wir nicht die rechts abzweigende Hafenstraße verpassen, in die wir gegen die Einbahnstraße (die nur für Autos gilt) auf den R 6 abbiegen. Nach guten 200 Metern biegen wir rechts zur Rheinfähre ab, die wir nach ca. 400 Metern erreichen. Wir haben die Möglichkeit, entweder hier vor Abfahrt der Fähre im Hotel Restaurant Rheingold ❻ einen Stopp einzulegen oder nach Ankunft der Fähre am anderen Ufer in einem kleinen Biergarten mit Imbiss eine Pause zu machen. Die Fähre ❼ legt zu jeder vollen und halben Stunde ab.

An den Wassern des Altrheins

Nach dem Anlegen radeln wir die Straße geradeaus bis zu einer Kreuzung, an der rechts drei asphaltierte Wege abzweigen. Wir nehmen den mittleren Richtung **Nierstein.** Wir folgen lange dem Radweg entlang eines Hochwasserdeichs geradeaus. An einer Kreuzung, wo wir rechts zum Rheinufer Richtung Nierstein abbiegen sollen, fahren wir weiter geradeaus, da der Uferweg recht grob geschottert ist. Bald kommen wir zu dem **Gasthaus zum Rheinhof 8**. Kurz dahinter folgen wir dem Weg schräg rechts hinunter zum Fluss, wo wir erst dann den Fahrradwegweiser Richtung Nierstein entdecken und dem leider etwas zu grob geschotterten Weg lange am Ufer folgen.

Plötzlich erweitert sich der Weg zu einer gepflasterten **Schiffsrampe.** Hier halten wir uns leicht links und danach gleich wieder rechts dem Wegweiser Richtung Nierstein folgend. Bald führt der Weg vom Ufer weg, vorbei am Ende der grünen Start- und Landebahn des **Oppenheimer Flugplatzes,** danach schräg über einen Deich und dort in gleicher Richtung weiter nach **Oppenheim.** Nach etwa 600 Metern geht der Schotterbelag in Asphalt über. Hier müssen wir rechts abbiegen. Wir fahren an Wiesen, Weinfeldern und Kleingärten vorbei, hinter denen wir auf eine Kreuzung stoßen. Wenn wir hier links abbiegen und der Straße geradeaus folgen, erreichen wir bald die schöne **Altstadt von Oppenheim 9,** die neben dem berühmten Kellerlabyrinth zahlreiche Einkehrmöglichkeiten zu bieten hat.

Um zum Ausgangspunkt unserer Tour zurückzukommen, fahren wir geradeaus weiter und an einem Sportplatz vorbei. Wir bleiben geradeaus, folgen auch dem schmalen Weg entlang eines Zauns und biegen an der folgenden T-Kreuzung am Wertstoffhof links ab. Wenn wir nach 500 Metern zweimal rechts fahren, haben wir den Parkplatz wieder erreicht. Fahren wir hier erst geradeaus, dann rechts und anschließend links in die Fährstraße, gelangen wir zum **Bahnhof.**

*In Oppenheim wartet eine Attraktion der besonderen Art. Die Altstadt ist katakombenartig von einem System aus Kellergewölben, Gängen und Treppen mit bis zu fünf Ebenen unterhöhlt. Das **Oppenheimer Kellerlabyrinth** ist eine „Stadt unter der Stadt" und kann nach Anmeldung im Rahmen von Führungen besichtigt werden. Tel. (0 61 33) 49 09-14 oder -19, tickets@stadt-oppenheim.de.*

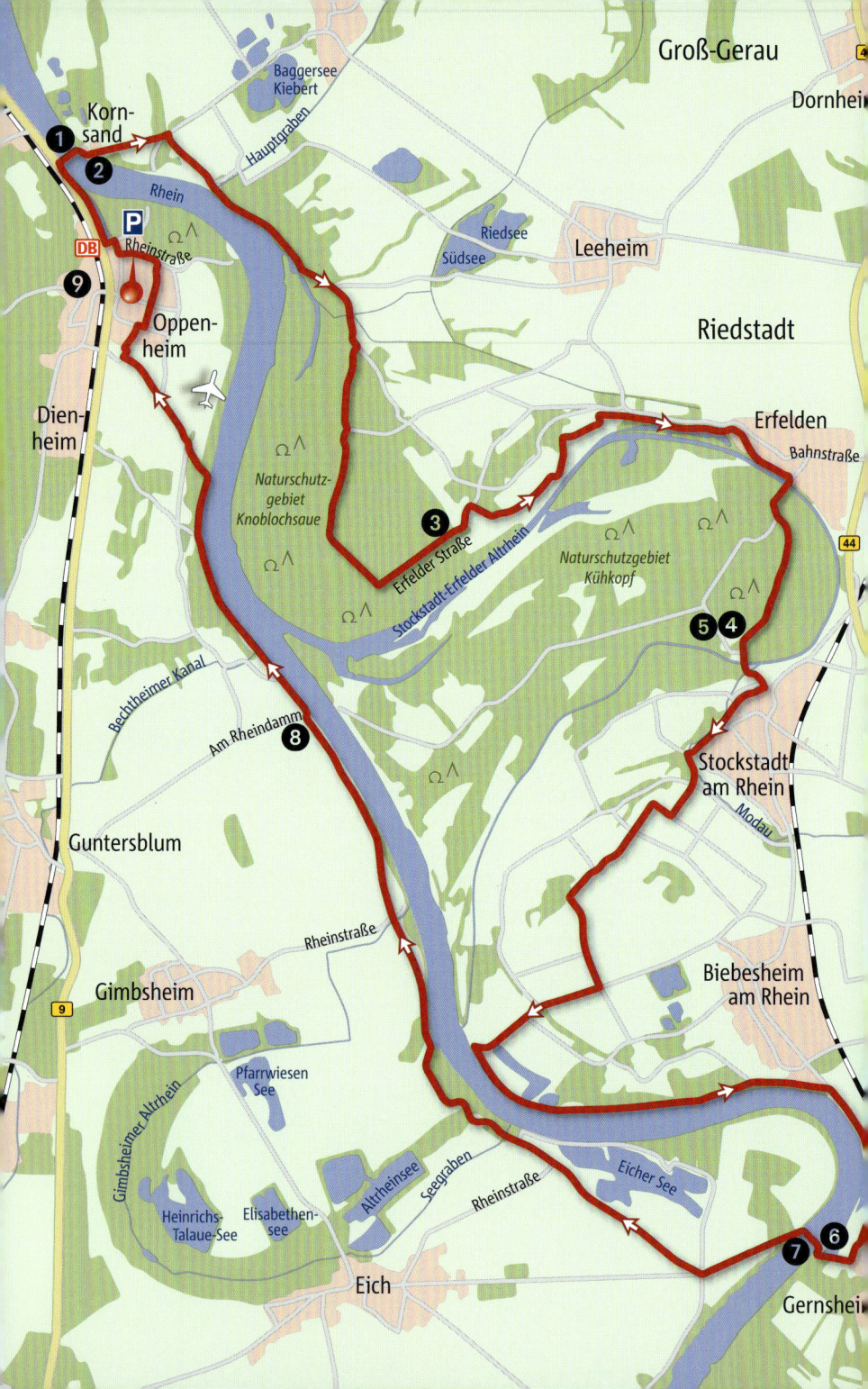

Alles auf einen Blick

WIE & WANN:
Empfohlene Jahreszeit: Frühling bis Herbst, an trockenen Tagen; weitgehend autofrei auf Asphalt und großenteils wassergebundenen Wegen unterschiedlicher Qualität; nicht bei Hochwasser; zwei Fährverbindungen halbstündlich bzw. alle 20 Minuten

HIN & WEG:
Auto: Parkplatz „An der Festwiese", Beschilderung Womoland (GPS: 49.856232, 8.365177)
ÖPNV: Bf. Oppenheim (S 6, RB, RE)

ESSEN & ENTSPANNEN:
Zum Fährstübchen ❷ Kornsand 8, 65468 Trebur, Tel. (0 61 47) 77 66
Hotel Restaurant Rheingold ❻ Schifferstaße 2, 64579 Gernsheim, Tel. (0 62 58) 9 49 00, www.hotel-rheingold.de
Gasthaus Zum Rheinhof ❽ Am Rheindamm 4, 67583 Guntersblum, Tel. (0 62 49) 23 81, www.gasthaus-zum-rheinhof.de (Do.–So.)

ENTDECKEN & ERLEBEN:
Fähre Nierstein–Kornsand ❶ Tel. (0 61 33) 51 95, www.faehre-nierstein.de (fährt zur vollen Stunde und alle 20 Minuten)
Schwedensäule ❸
Ölförderpumpe Bohrloch „Stockstadt 38" ❹ Kühkopf
Informationszentrum im Hofgut Guntershausen ❺ Außerhalb 27, 64589 Stockstadt, Tel. (0 61 58) 82 87 39, www.hofgut-guntershausen.de
Rheinfähre „Helene" Gernsheim–Eich ❼ Erfelden Westhafen, 64560 Riedstadt, Tel. (0 61 58) 91 57 77, www.faehre-gernsheim.de
Altstadt Oppenheim ❾ www.stadt-oppenheim.de

Entspannung ✹✹✹✹✹
Genuss ✹✹✹✹✹
Romantik ✹✹✹✹✹

Die GPS-Daten zu jeder Tour gibt es auf
www.droste-verlag.de

© 2019 Droste Verlag GmbH, Düsseldorf
3. Auflage 2021
Konzeption/Satz: Droste Verlag, Düsseldorf
Einbandgestaltung: Britta Rungwerth, Düsseldorf, unter Verwendung von Fotos von © Mediagram/Fotolia.com; fotolia by Adobe: © 3d_generator, © Andrey Kuzmin, © niroworld, © Nik Merkulov; Schutterstock.com: © Caue de Oliveira Buck
Fotos: Ernst Wrba
Karten: Thorsten David, Bochum
Druck und Bindung: LUC GmbH, Greven

Alle Angaben in diesem Buch wurden sorgfältig recherchiert und geprüft. Für die Richtigkeit der Angaben, für etwaige Unfälle und Schäden jeglicher Art kann keine Haftung übernommen werden; die Nutzung erfolgt auf eigenes Risiko. Abweichungen, die nach Redaktionsschluss erfolgten, konnten nicht mehr berücksichtigt werden. Hinweise und Änderungen nehmen wir gern entgegen.

ISBN 978-3-7700-2091-1
www.droste-verlag.de